Allgemeine Psychologie • Experimentalpsychologische Grundlagen

WUV-STUDIENBÜCHER

Giselher Guttmann (Hg.)

ALLGEMEINE PSYCHOLOGIE

Experimentalpsychologische Grundlagen

Verfaßt von Ingeborg Kittner

unter Mitarbeit von Stefan Wegscheider und Peter Pirkner

Mit einer Einleitung von Prof. Giselher Guttmann

WUV-Universitätsverlag

An dieser Stelle möchte ich Prof. G. Guttmann für das Angebot, dieses Studienbuch zu verfassen, und den damit verbundenen Vertrauensvorschuß herzlich danken. Ebenso schulde ich Mag. Newole, Mag. Reischl und Angelika Kittner Dank für die Selbstverständlichkeit ihres redaktionellen Zutuns.

I. Kittner

Ingeborg Kittner verfaßte die Kapitel „Grundbegriffe“, „Psychophysik“, „Optik“, „Akustik“ und „Spieltheorie“, Stefan Wegscheider das Kapitel „Informationstheorie“; Redaktion und Layout: Peter Pirkner

2. Auflage 1994

Druck: WUV-Universitätsverlag
Printed in Austria
ISBN 3-85114-074-5

INHALTSVERZEICHNIS

Grundbegriffe

Psychophysik

Optik

Akustik

Informationstheorie

Spieltheorie

GEDANKEN ZUR WISSENSCHAFTSTHEORIE DER EXPERIMENTALPSYCHOLOGIE

Giselher Guttmann

Wer Psychologie zu studieren beginnt, der wird an den meisten Orten dieser Welt zunächst mit einem klar umrissenen methodischen Rüstzeug bekanntgemacht. Denn an fast allen Ausbildungstätten wird gegenwärtig Psychologie als experimentell-empirische Wissenschaft aufgefaßt, deren Erkenntnisse man nur würdigen kann, wenn man zunächst ihre Arbeitstechniken verstanden und zu beherrschen gelernt hat.

Diese so selbstverständliche, von der internationalen „Scientific Community" einhellig geteilte Übereinkunft hat freilich zur Folge, daß man noch seltener als in der Frühzeit dieses Faches Überlegungen darüber anstellt, auf welcher wissenschaftstheoretischen Basis im Grunde diese „experimentell-empirische Psychologie" steht. Welche (expliziten oder impliziten) Annahmen werden eigentlich schon bei Behandlung der einfachsten Fragestellung getroffen, beispielsweise, wenn man untersuchen will, welche Reizunterschiede bei unterschiedlich starken Ausgangsreizen als eben merklich verschieden erlebt werden – um ein betont simples Beispiel aus der Steinzeit unseres Faches herauszugreifen?

Als Selbstverständlichkeit, die keiner ernsthaften Überlegung wert ist, wird offensichtlich zunächst einmal stillschweigend von der Existenz eines „Individuums" ausgegangen, auf welches von einer „objektiven Wirklichkeit" aus Reize einwirken, die von diesem verarbeitet werden und schließlich zu Reaktionen führen. Daß wir uns aber dabei, wie Zitterbart[1)] in seiner wunderschönen Gegenüberstellung von Erlanger Konstruktivismus und Konstruktivem Realismus ausführt, bereits den Regeln eines Spiels unterworfen haben, das Silvio Ceccato „teocono" getauft hat (abgeleitet vom italienischen Terminus „teoretico-conoscitivo" = Erkenntnistheorie), in welchem ein Subjekt und ein Objekt, ein Ich und eine Außenwelt als unzweifelhaft gegebene Fundamentaltatsachen angenommen werden, wird in psychologischen Einführungstexten kaum je als überdenkenswertes Problem aufgeworfen. Die Bereitschaft, an dieser „Selbstverständlichkeit" zu zweifeln, wurde vielmehr vor kurzem noch eher in den Bereich der Psychopathologie verwiesen.

Mit dem Nicht-Erkennen der Tatsache, daß diese Dualisierung von uns produziert wurde und keineswegs als undiskutiertes Fundamentalfaktum dienen kann, wird freilich gerade in der Psychologie eine Lawine von Begriffsverwirrungen ausgelöst.

Doch auch ich will diesen Gedanken – jedenfalls in einem Geleitwort zu einer Experimentalpsychologie – nur anklingen lassen und als Hinweis darauf deponiert haben, daß der Psychologie eine kopernikanische Wende bevorstehen müßte, sobald sie ernst mit dem Vorsatz macht, das Descarte'sche „cogito, ergo sum" als Verwirr-Aphorismus zu begreifen und ihr wissenschaftstheoretisches Fundament auf einer prädualistischen Ausgangsposition zu suchen. (Wer länger bei diesem Thema verweilen möchte, der sei auf meinen Artikel „Zur Psychophysiologie des Bewußtseins"[2] verwiesen).

Lassen wir es für diesen Einführungstext ruhig dabei bewenden, daß wir uns auf das Teocono-Spiel geeinigt haben (wobei wir allerdings den Vorsatz fassen wollen, es als „Scheinproblem-Filter" im Gedächtnis zu behalten!), nehmen wir ein reizverarbeitendes Individuum als Basis-Gegebenheit an und begnügen wir uns zunächst einmal damit, zu überprüfen, wie messend-empirische Psychologie unter solchen Setzungen funktioniert. Damit ist auch der Zeitpunkt, zu dem wir unsere Betrachtungen beginnen müssen und das Fach „Psychologie" entstehen lassen, mit der Mitte des vorigen Jahrhunderts festgelegt.

Wenn wir den Beginn der Psychologie (von der schon Ebbinghaus anmerkte, daß sie eine lange Vergangenheit, aber eine kurze Geschichte hat) mit dem Einsetzen der experimentell-empirischen Forschung des 19. Jahrhunderts datieren wollen, so verbannen wir freilich mit dieser Entscheidung viele der teils bemerkenswert modern anmutenden Einsichten von Denkern früherer Epochen in die „Prähistorie" unseres Faches, in die zu blicken nach allgemeiner Ansicht schon wegen ihrer offensichtlichen „Vorwissenschaftlichkeit" nicht lohnt. Diese Festlegung des Geburtstagstermins hat aber anderseits den Vorzug, daß jener neu entstandenen Wissenschaft dadurch ein ganz bemerkenswertes Geburtstagsgeschenk in die Wiege gelegt wird: Im Gegensatz zu vielen anderen Disziplinen steht nämlich offenbar für sie das Grundsatzprogramm bereits im Augenblick ihrer Geburt fest und darüber, welche Fragestellungen als sinnvoll und welche Methoden als legitim angesehen werden sollten, scheint zunächst unter den „Experimentalpsychologen" nicht die geringste Uneinigkeit zu bestehen. Und dafür gibt es einen recht einsichtigen Grund.

Denn die „Führungswissenschaft", wie Fritz Wallner[3] die in einer bestimmten Epoche jeweils dominierende Disziplin bezeichnet, war damals die Physik. Sie gab „... mit der Methode immer auch die Art der Fragestellung vor" (Wallner 1990, Seite 23) und an ihren Forschungsstrategien wurde daher im 19. Jahrhundert Maß genommen. Und so wurde von Anfang an das Messen, auch im psychischen Bereich, stillschweigend als der einzig legitime Weg angesehen, neue wissenschaftliche Einsichten zu erhalten.

Das war eigentlich eine recht überraschende Entscheidung. War man nicht kurze Zeit davor noch auf der „Suche nach dem Sitz der Seele" gewesen? Und auch wenn der

Begriff „Seele“ durch den unverfänglicheren Ausdruck „psychische Phänomene“ ersetzt wurde, blieb ganz offensichtlich das eigentliche Ziel der Psychologie, das Erleben zu untersuchen. Und damit sah sich dieses Fach vor eine Schwierigkeit höchst eigentümlicher Art gestellt, mit der keine andere Wissenschaft je zu kämpfen hatte: Denn das Objekt ihres Interesses ist nur dem jeweiligen Betrachter zugänglich und auch der unbestrittene Altmeister der Experimentalpsychologie, Wilhelm Wundt, muß in seinen „Beiträgen“ 1862 feststellen, daß die Psychologie die Wissenschaft der Selbstbeobachtung ist. Gleichwohl wurden Forschungsstrategien und Fragestellungen nach den Idealen der Physik ausgerichtet, wurde die Möglichkeit, zu objektivieren und zu messen zur unabdingbaren Voraussetzung dafür erklärt, überhaupt wissenschaftliche Psychologie betreiben zu können.

Betrachten wir als Beispiel hiefür einen der Grundpfeiler der modernen Experimentalpsychologie, Fechners „Psychophysik“[4)], in der von diesem das eigentliche Forschungsziel überaus prägnant umrissen wird, nämlich „... eine exakte Lehre von den functionellen oder Abhängigkeitsbeziehungen zwischen Körper und Seele, allgemeiner zwischen körperlicher und geistiger, physischer und psychischer Welt...“ (Elemente I, Seite 8) zu begründen.

Hiezu ist es natürlich zunächst nötig, ein „Maß des Psychischen“, sowie eine „Maßeinheit“ und „Maßmittel und das Maßverfahren“ festzulegen. Fechner selbst war die dabei auftretende Problematik völlig klar und er stellt unmißverständlich fest: „Es wird niemals möglich sein, eine Empfindung unmittelbar so über die andere zu legen, daß ein Maß der einen durch die andere erwüchse“ (Elemente I, Seite 57). Aber der entscheidende Kunstgriff liegt bereit: Unter Verwendung von geeigneten Veränderungen im Reizbereich, welche so gewählt werden, daß ein durchschnittlicher Proband über sie mit hoher Wahrscheinlichkeit ganz bestimmte Aussagen treffen wird (z. B. daß er einen eben merklichen Unterschied wahrgenommen hat), wird der Münchhausen-Kunstgriff der Objektivierung des subjektiven Erlebens zuwege gebracht. Fechner schreibt darüber:

„Principiell also wird unser Maß der Empfindung darauf hinauskommen, jede Empfindung in gleiche Abtheilungen, d. s. die gleichen Incremente, aus denen sie vom Nullzustande an erwächst, zu zerlegen, und die Zahl dieser gleichen Abtheilungen als wie durch die Zolle eines Maßstabes durch die Zahl der zugehörigen variabeln Reizzuwüchse bestimmt zu denken, welche die gleichen Empfindungszuwüchse hervorzubringen im Stande sind; wie wir ein Stück Zeug messen, indem wir die Zahl der gleichen Abtheilungen desselben durch die Zahl der Elle bestimmen, welche sie zu decken vermögen; nur daß statt des Deckens hier das Hervorbringen steht. Kurz wir bestimmen die Größe der Empfindung, die wir direct nicht zu bestimmen vermögen, als ein Wievielmal des darin enthaltenen Gleichen, was wir direkt zu bestimmen vermögen; lesen aber die Zahl nicht an der Empfindung, sondern am Reize ab, der die Empfindung mitführt, und sie leichter ablesen läßt." (Elemente I, S. 60).

Damit war das Verhältnis zweier Reizbedingungen, die relative Unterschiedsschwelle, zur Elle der Erlebnisintensität gekürt worden, wobei Fechner wohl bewußt war, daß damit die gesamte Verantwortung an die Annahme einer Gleichheit von „eben merklichen Unterschieden" (just noticeable differences j.n.d.'s – in der älteren Literatur auch als DL – „difference limen" abgekürzt) delegiert wird. Denn er stellt etwas weiter unten fest: „Die Ausführung des Maßes auf Grund dieser Bestimmungen setzt voraus, daß wir die Gleichheit von Empfindungen und Empfindungsunterschieden unter verschiedenen Umständen wirklich genau zu beurtheilen und zu constatiren vermögen, was für den ersten Augenblick nicht ganz leicht scheint" (Elemente I, Seite 70).

Als sich S. S. Stevens[5)] fast 80 Jahre später in der ersten geschlossenen Darstellung seiner skalierungstheoretischen Ideen mit dieser Frage auseinandersetzt, greift er trotz seiner profunden Kenntnisse der älteren europäischen Literatur keineswegs die wissenschaftstheoretische Problematik auf, der man gegenübersteht, wenn man darangehen will, subjektive Empfindungsstärken zu objektivieren, sondern führt vielmehr den empirischen Nachweis, daß „... summating the same number of DL's for two tones of different frequency does not yield equal loudnesses. Work on equal sense-distances also failed to confirm Fechner's assumption, but suggested that the DL's at high intensities are subjectively larger than those at low intensities, although it could not be said how much larger." (Stevens 1936, Seite 412).

Und fast genau ein Jahrhundert nach der Erstauflage von Fechners „Elementen" stellt Stevens [6)] in einer umfassenden Übersicht über die „direkten Methoden" in der Psychophysik fest, daß „... the past three decades has given a ‚new look' to psychophysics." (Stevens 1957, Seite 153). Seine formalen Überlegungen über die Zunahme von j.n.d's kann er schließlich gar in einer Gleichung ausdrücken, von der er feststellt: „The equation tells us that instead of being constant as Fechner assumed, the subjective size of the j.n.d. grows as an exponential function of the number of j.n.d.'s above threshold." (Stevens 1957, Seite 172).

So viele „exakte" Überlegungen wurden ein Jahrhundert lang über die Größe von j.n.d.'s bei unterschiedlicher Reizintensität angestellt, daß man darüber offenbar ganz vergessen hatte, zwischendurch auch über die Sinnhaftigkeit eines Größenvergleichs von eben merklichen Erlebnisinkrementen anzustellen. Die Kontroverse zwischen „klassischer" und „moderner" Psychophysik wird reduzierbar auf die Feststellung der jeweils bevorzugten Annahme über die Konstanz der jnd's und hört auf, Problem zu sein, sobald wir den Konstruktcharakter erkennen.

Dies soll keineswegs die Anwendbarkeit dieser Konzepte im Alltag in Frage stellen. Das Messen von Wahrnehmungsintensitäten, etwa in der Akustik, ist vielmehr unzweifelhaft von höchster praktischer Bedeutung und Phon (oder Sone – je nach j.n.d. – Einstellung!) sind bereits zu ganz alltäglichen Begriffen geworden. Die mit Hilfe dieser Skalen ausgedrückten Zahlwerte spiegeln ja auch ausreichend genau wieder, was Menschen beispielsweise übereinstimmend als „laut" oder „leise" zu bezeichnen geneigt sind. Wir haben auf diese Weise also höchst brauchbare Kenngrößen festlegen können, verankert auf Verhaltensniveau, validiert durch Reaktionen von Probanden auf geeignete Testreize.

Wer sich beispielsweise vor die Aufgabe gestellt sieht, die Lärmbelastung von Personen durch eine Maschine zu objektivieren, wird mit Recht damit zufrieden sein, daß ihm die Psychologie Techniken zur Verfügung stellen kann, mit deren Hilfe er hiefür quantitative Kenngrößen bestimmen kann. Eben diese Techniken sollen in unserer Monographie dargestellt und ihre Handhabung vermittelt werden, wobei wir uns dafür entschieden haben, beim Leser nicht durch permanente wissenschaftstheoretische Reflexionen Zweifel an ihrer pragmatischen Nützlichkeit zu wecken.

Übersehen werden darf nur nicht, daß das eigentlich vorgespiegelte Versprechen, „subjektiv erlebte Intensitäten" zahlenmäßig auszudrücken nicht eingelöst werden kann (bzw., was noch schlimmer ist, daß durch das Anbieten von pragmatisch gerechtfertigten Skalierungstechniken die Sinnlosigkeit eines solchen Versprechens verschleiert wird). Und diese, am (besonders leicht darstellbaren) Beispiel einer psychophysischen Fragestellung illustrierte Problematik gilt ebenso für alle anderen Teilbereiche der Allgemeinen Psychologie!

Verzichten wir also endgültig auf die Utopie des „objektiven Blicks ins Fremdpsychische", die uns in einen Irrgarten von Scheinproblemen führt und suchen wir ein erreichbares Ziel! Sollten wir uns vielleicht besser darauf beschränken, Vorschläge für die mögliche Architektur von Systemen zu entwerfen, die sich so verhalten wie „der Mensch"? Die Komplexität des menschlichen Verhaltens sollte uns dabei nicht abschrecken, wie ich mit dem wunderhübschen Gedankenspiel zeigen will, das Braitenberg[7)] in seinem Büchlein „Künstliche Wesen" ablaufen läßt.

Er liefert eine überzeugende Veranschaulichung dafür, welche eigenartige Diskrepanzen zwischen der Einfachheit eines Systems und der Komplexität seines Verhaltens bestehen können, indem er uns empfiehlt, einfache kybernetische Vehikel vorzustellen, deren Sensoren (z. B. Photozellen) auf einen zugeordneten Antriebsmotor wirken. Schon im einfachsten Fall, daß die Motor-Drehzahl dem jeweiligen Erregungsniveau proportional ist, werden die beiden in Abb. 1 gezeigten Vehikel bei einer Annhäherung an das kritische Phänomen „Lichtquelle" bereits höchst bemerkenswerte Verhaltensunterschiede erkennen lassen: Das parallelgeschaltete Vehikel wird, sobald eine Lichtquelle seitlich auftaucht, vor dieser zu fliehen beginnen (da der lichtnahe Sensor stärker erregt wird!) und erst in gehörigem Respektabstand ein Abklingen der „Furchtreaktion" erkennen lassen.

Das kontralateral projizierende Vehikel wird hingegen mit aggressiver Motivation auf jede in der Ferne auftauchende Lichtquelle zustürmen, mit zunehmender Annäherung seinen Kurs immer exakter auf das Angriffsziel ausrichten und sich schließlich in zerstörerischer Weise auf dieses stürzen.

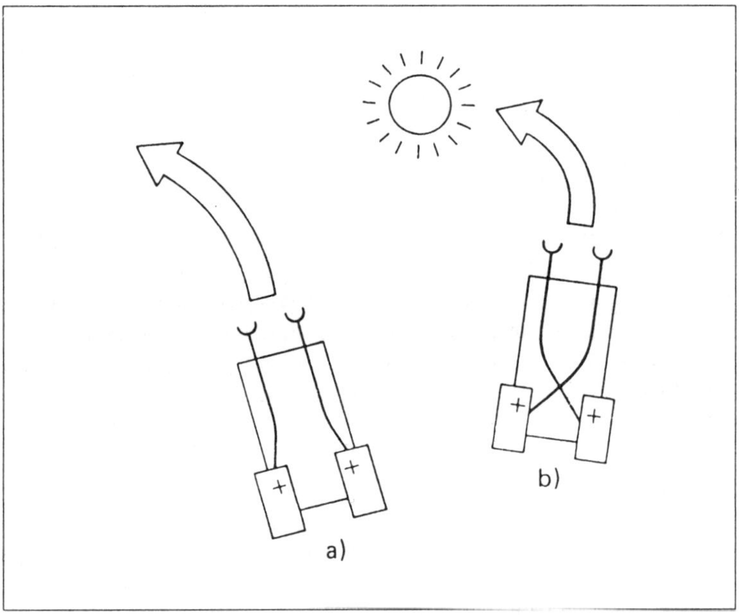

Abb. 1

Wenn wir nun lediglich auch noch die bescheidene Komplikation von inhibitorischen Verbindungen zwischen Sensor und Motor zulassen, durch welche mit steigender Reizintensität die Drehzahl gedrosselt wird und zudem ein Yerkes- Dodson-Gesetz der S-R-Koppelung einführen, nach dem die Drehzahl bei einer mittleren Reizintensität am höchsten sein soll, führen uns die derart verdrahteten Braitenbergschen Vehikel zwischen zwei Lichtquellen, wie Abb. 2 zeigt, bereits die wundersamsten Bahnen vor, bei deren Beobachtung ein Fachmann (ein solcher vielleicht in besonderem Maße) in langes Nachdenken darüber versinken könnte, was für ein hochkompliziertes neuronales Netz für die Steuerung dieser bemerkenswerten Instinktverhaltensweisen veantwortlich sein könnte.

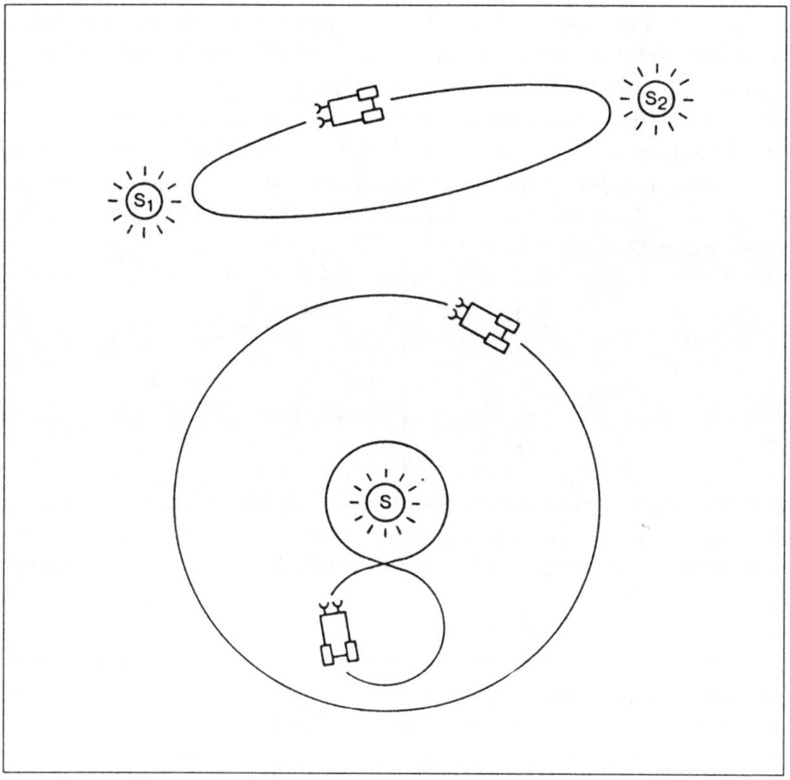

Abb. 2

Berechtigter Anlaß also für empirischen Optimismus, berechtigter Grund zur Hoffnung, auch für höchst komplexe Verhaltensmuster recht simple Schaltpläne auffinden zu können? Stellen wir vor einer Antwort auf diese rhetorische Frage eine kurze Überlegung darüber an, nach welchem allgemeinen Schema in der Psychologie empirische Forschung abläuft, um einschätzen zu können, was wir uns von Empirie erwarten dürfen. Heinz von Foerster[8)] illustriert diese Problematik mit einer ganz unübertrefflich anschaulichen Modellvorstellung, durch die kürzelhaft und überzeugend die Problematik der empirischen Analyse selbst einfachster Strukturen aufgezeigt wird.

Wir gehen zunächst von einem höchst primitiven System aus, welches auf vier verschiedene Einwirkungen von außen – der Übersicht halber wollen wir diese „unabhängigen Variablen" einfach durch die Buchstaben A, B, C und D symbolisieren – reagiert. Auch für diese „abhängigen Variablen" wollen wir (lediglich um ein möglichst einfaches Modell zu erhalten) gleichfalls nur vier verschiedene Kategorien zulassen, diese mit 1, 2, 3 und 4 bezeichnen und das tatsächliche, dem Versuchsleiter natürlich zunächst unbekannte „Reiz-Reaktions- Schema" in einer Tafel anschreiben, in der jeder Eingangsbedingung die auf sie folgende Reaktion zugeordnet wird. Ein solches System – wir können es im Sinne von Alan Turing auch als „Maschine" bezeichnen – ist durch einfache, unveränderliche Zuordnungen zwischen Input- und Output-Bedingungen charakterisiert. Eine wiederum möglichst einfach gewählte Anatomie eines solchen, von Foerster auch als „triviale Maschine" bezeichneten Systems, wäre etwa:

Reiz	Reaktion
A	1
B	2
C	3
D	4

Dabei können Reiz- und Reaktions-Kategorien natürlich beliebig komplexe Sachverhalte darstellen und Eingangsbedingung A etwa die Begegnung mit einer bestimmten Person bedeuten, auf die ich mit der Reaktion 1 – z. B. Zuwendung – antworte usw.

Nach den üblichen Experimentierstrategien können wir nur so vorgehen, daß wir festzustellen suchen, welche Reaktionen auf bestimmte Eingangsbedingungen folgen, um daraus schrittweise den Aufbau unseres Systems rekonstruieren zu können. Überlegen wir, um unsere Erfolgschancen abschätzen zu können, zunächst einmal, wie viele unterschiedlichen Modelle einer solchen bescheidenen 4- Kategorien-Maschine überhaupt existieren. Bereits für unser simples Beispiel kommen wir dabei auf die ganz respektable Menge von immerhin 256 möglichen Bauplänen (es ist eine Variation von 4 Elementen zur 4-ten Klasse mit Wiederholung, da wir ja nicht davon ausgehen können, daß unser System die von uns als verschieden eingeführten Bedingungen auch tatsächlich zu diskriminieren vermag).

Wenn wir nun bedenken, daß eine halbwegs ordentliche psychologische Untersuchung nicht selten von einigen Dutzend Inputvariablen und ebensovielen Reaktionsdimensionen ausgeht, wird uns – wenn wir die Erfolgswahrscheinlichkeit überschlagen – selbst für eine solche triviale Maschine der Vorschlag ein wenig unheimlich, ihren Aufbau durch empirische Analysen zu ergründen.

Foerster stellt uns aber noch eine andere Maschinen-Gattung vor, die sich von der vorher besprochenen trivialen Maschine lediglich dadurch unterscheidet, daß sie noch einen inneren Zustand hat, sich gewissermaßen in unterschiedlicher Laune befinden kann, wobei sich auch dieser innere Zustand in Abhängigkeit von den Eingangbedingungen ändern kann. Nehmen wir wieder einen möglichst einfachen Fall an und gehen wir von nur zwei inneren Zuständen, Zustand I und Zustand II aus, so könnten die beiden zur Beschreibung dieses Systems notwendigen Funktionstafeln etwa so aussehen:

Im Zustand I:			Im Zustand II:		
A	1	I	A	4	I
B	2	II	B	3	I
C	3	I	C	2	II
D	4	II	D	1	II

Betrachten wir zunächst die Tafel 1, welche die Reaktionen der Maschine wiedergibt, soferne diese sich im Zustand 1 befindet, so sehen wir, daß diese wie die oben besprochene triviale Maschine reagiert: Auf den Reiz A antwortet sie mit 1, auf B mit 2 usw. Doch jede Input-Bedingung ändert zudem – für den externen Versuchsleiter unerkennbar – auch den inneren Zustand.

Beginnt also unser Empiriker, der schon Erfahrungen mit der zuerst besprochenen trivialen Maschine gesammelt hat, mit Reiz A, erhält er zu seiner vollsten Zufriedenheit die Antwort 1. Gibt er sodann B vor, wird er seiner Erwartung entsprechend Reaktion 2 beobachten. Sollte er aber nun nochmals die Bedingung B vorgeben, wird er mit Entsetzen 3 als Antwort erhalten und feststellen müssen, daß dieses System nicht mehr so reagiert, wie es seiner empirischen Erfahrung nach sollte. Vielleicht wird er, um sicher zu gehen, noch einmal B vorgeben und dann aufatmend sehen, daß sich offenbar nur ein vorübergehender Systemfehler eingeschlichen hatte, ein verirrter Kriechstrom, und auf B wieder wie erwartet die Reaktion 2 folgt.

Die Bedeutung dieser nicht-trivialen Maschinen für unsere Frage nach den Möglichkeiten und Chancen einer empirischen Analyse von Systemen wird allerdings sofort klar, wenn wir die Anzahl der verschiedenen möglichen Systeme mit 4 Eingangzuständen und 4 Ausgangszuständen betrachten, die Heinz v. Foerster (für eine detailliertere Darstellung der formalen Überlegungen über deterministische und probabilistische Maschinen kann auf seinen Aufsatz „Molekular-Ethologie“[9] verwiesen werden) mit nicht weniger als 10^{2466} angibt.

Das scheint, wie man schon mit einem flüchtigen Blick zu sehen meint, eine ganz beachtliche Menge zu sein. Um aber einen überzeugenderen Eindruck davon zu geben, wie gewaltig diese Zahl tatsächlich ist, legt er uns einen Vergleich mit der von Edington vorgenommenen Schätzung der Anzahl aller Elementarbausteine unseres Universums nahe. Dieser liegt bei 10^{72} Elementarbausteinen.

Einen andereren, vielleicht noch anschaulicheren Vergleichswert erhalten wir, wenn wir den Zeitbedarf bedenken, den wir einplanen sollten, wenn wir darangehen wollen, eine uns unbekannte nicht-triviale Maschine empirisch zu enträtseln und – um ein Vergleichsmaß zur Hand zu haben – überschlagen, wie lange unser Universum bereits existiert. Wenn wir dabei gar nicht knausrig in Sekunden rechnen, kommen wir für das Alter unseres Universums auf 3.10^{17} Sekunden.

Das sind ja jämmerliche Zahlen gegenüber der oben angegebenen Anzahl der möglichen unterschiedlichen nicht-trivialen Maschinen bei Annahme einer lächerlichen 4er-Tafel und es ist offensichtlich völlig sinnlos, den Versuch zu unternehmen, auf empirische Weise die Anatomie einer nicht-trivialen zu entschlüsseln.

Tatsächlich stehen wir aber sogar vor einem noch schlimmeren Problem, da gezeigt werden konnte, daß es nicht-triviale Maschinen gibt, deren Aufbau grundsätzlich nicht durch Probieren entschlüsselt werden kann. Arthur Gill hat mit dem Nachweis, daß es Systeme gibt, deren Struktur überhaupt nicht empirisch (genauer ausgedrückt: durch eine endliche Folge von Inputversuchen) entschlüsselt werden kann, gewissermaßen das Turing'sche Pendant zum berühmten und folgenschweren Gödel'schen Unvollständigkeitssatz geliefert.

Zweifellos stellt der Mensch – wenn wir ihn und seine Reaktionsmöglichkeiten systemtheoretisch betrachten und uns der Terminologie von Foerster bedienen – mit Sicherheit ein nicht-triviales System dar, das auf bestimmte Input- Bedingungen höchst unterschiedlich reagieren wird, je nachdem in welchem internen Zustand es sich befindet. Das bedeutet somit, daß wir empirische Forschung niemals als entdeckende Empirie verstehen können, daß wir die Utopie aufgeben müssen, in der Psychologie etwas durch systematische Empirie erkunden zu können, da es offenkundig schon einfachste Systeme gibt, deren Struktur wir auf diesem Wege überhaupt nicht aufzuklären vermögen.

Empirie kann aber auch anders betrachtet werden: Wir sind nämlich mit ihrer Hilfe offensichtlich durchaus im Stande, eine von mir vorgeschlagene Thesen über die mögliche Struktur eines Systems zu überprüfen. Wenn ich nämlich von einem ganz bestimmten Bauplan ausgehe und nun feststellen will, ob meine Annahme vertretbar ist, dann ist Empirie ein durchaus geeignetes Werkzeug, um die Korrektheit meines Postulats zu entscheiden. Denn schon ein einziger Versuch, der meiner Prognose widerspricht, hat die endgültige Falsifikation meiner Konstruktion zur Folge.

Nehmen wir also getrost von der Idee einer entdeckenden Empirie Abschied und geben wir mit Wallners Konstruktivem Realismus „die alte Fiktion, daß wir uns durch Erkenntnis der Wirklichkeit nähern, auf." (Wallner 1990, Seite 41). Damit wird jedoch keineswegs die Existenzberechtigung einer begründenden Empirie in Frage gestellt, mit deren Hilfe wir die Brauchbarkeit einer von uns entwickelten Konstruktion überprüfen können. Ich hoffe daher sehr, daß meine Leser diese Gedanken nicht als beunruhigende Präambel zu einer Einführung in die Experimentalpsychologie empfinden. Ich wollte sie bewußt vom Text abgerückt deponieren, den ein Team in eigenständiger Arbeit verfaßt hat, da ich denke, daß der Rundgang durch einige der klassischen Modellvorstellungen der Experimentalpsychologie, zu dem diese Einführung einladen will, nicht durch permanente Reflexionen auf deren wissenschaftstheoretische Problematik belastet werden sollte. Betrachten wir die Modelle daher in den folgenden Kapiteln ruhig so, wie sie uns von ihren Konstrukteuren übergeben wurden, wobei freilich jedem Leser freigestellt bleibe, ob und in welchem Ausmaßer die Überlegungen dieser Einleitung als „Scheinproblem-Filter" einzusetzen gedenkt.

Anmerkungen

1 Zitterbarth, W. (1991). Der Erlanger Konstruktivismus in seiner Beziehung zum Konstruktiven Realismus. In: Peschl, M. F., Hsg. Formen des Konstruktivismus in Diskussion. Wien: WUV - Universitätsverlag.

2 Guttmann, G. (1992). Zur Psychophysiologie des Bewußtseins. In: Guttmann, G & Langer, F, Hsg. Das Bewußtsein. Wien: Springer.

3 Wallner, F. (1990). Acht Vorlesungen über den Konstruktiven Realismus. Wien: WUV - Universitätsverlag.

4 Fechner, G.Th. (1889). Elemente der Psychophysik. Leipzig: Breitkopf & Härtel.

5 Stevens, S.S. (1936). A scale for the measurement of a psychological magnitude: loudness. Psychological Review, 43, 5, 405 – 416.

6 Stevens, S.S. (1957). On the psychophysical law. Psychological Review, 64, 3, 153 – 181.

7 Braitenberg, V. (1986). Künstliche Wesen. Verhalten kybernetischer Vehikel. Braunschweig: Vieweg.

8 von Foerster, H. (1985). Entdecken oder Erfinden. Wie läßt sich Verstehen verstehen? In: Gumin, H & Mohler, A, Hgb. Einführung in den Konstruktivismus. München: Oldenbourg.

9 von Foerster, H. (1985). Molekular-Ethologie: ein unbescheidener Versuch semantischer Klärung. In: von Foerster, H. Sicht und Einsicht. Braunschweig-Wiesbaden: Vieweg.

GRUNDBEGRIFFE

A DEFINITION DES BEGRIFFS "EXPERIMENTAL-PSYCHOLOGIE"

Die Experimentalpsychologie ist keine eigene Disziplin der Psychologie. Sie ist vielmehr ein innerhalb der Psychologie interdisziplinär angewandtes Instrument mit dem Ziel, psychologische Fragestellungen zu beantworten. Sie bedient sich dabei einer zentralen Forschungsmethode der Psychologie, dem Experiment.

B DEFINITION DES EXPERIMENTS

Das Experiment ist ein wissenschaftlicher Versuch. Das Wesen des Experiments besteht darin, bestimmte Variablen (unabhängige Variablen) absichtlich und unter möglichst weitgehender Kontrolle zu verändern, um die dadurch ausgelöste Wirkung auf bestimmte andere Variablen (abhängige Variablen) zu beobachten. Es ist Aufgabe des Experimentators, die Variablen zu definieren. Das Ziel besteht entweder in der Überprüfung von Hypothesen oder in der Kenntniserweiterung über herrschende Gesetzmäßigkeiten.

C DIE WUNDT'SCHEN KRITERIEN

W. WUNDT (1832-1920, dt. Prof. für Philosophie) postulierte drei Kriterien des Experiments:

1. Willkürlichkeit (Planmäßigkeit, Absichtlichkeit)
2. Wiederholbarkeit
3. Variierbarkeit

ad 1) Willkürlichkeit bedeutet, daß der Experimentator das zu untersuchende Geschehen absichtlich (planmäßig) auszulösen vermag.

ad 2) Wiederholbarkeit bedeutet, daß das Experiment unter gleichen Versuchsbedingungen replizierbar ist. Damit sollen Zufallsergebnisse vermieden und anderen Forschern eine Überprüfung der Ergebnisse ermöglicht werden.

ad 3) Variierbarkeit bedeutet, daß es dem Experimentator möglich ist, die unabhängigen Variablen zu verändern, um deren Wirkung auf abhängige Variablen zu erkennen.

Definition nach LINDWORSKY

Nach LINDWORSKY (1875-1939, dt. Psychologe) bringt das Kriterium der Willkürlichkeit die beiden anderen Kriterien Wiederholbarkeit und Variierbarkeit automatisch mit sich. Er definierte daher: Ein Experiment besteht in der absichtlichen, planmäßigen Auslösung eines Vorgangs zum Zweck der Beobachtung (LINDWORSKY, 1931, S. 10).

Kritik am Kriterium der Willkürlichkeit

Wird Willkürlichkeit so verstanden, daß der Experimentator nicht nur absichtlich, sondern auch zu einem ganz bestimmten Zeitpunkt das Geschehen auslösen können muß, dann werden einige Verfahren, wie z.B. Tierversuche, nicht als Experiment definiert werden können. Aus diesem Grunde ließ Karl BÜHLER (1879-1936) das Kriterium der Willkürlichkeit fallen.

Kritik am Kriterium der Wiederholbarkeit

Die Wiederholbarkeit eines Experiments (im engeren Sinn) an ein- und derselben Versuchsperson zu fordern, erscheint nicht sinnvoll, da ein Experiment "Spuren" in der Versuchsperson hinterläßt und somit exakt gleiche innere Bedingungen nicht mehr herzustellen sind. Aus diesem Grunde verzichtete Kurt LEWIN (1890-1936) auch auf das Kriterium der Wiederholbarkeit, sodaß nur noch die Variierbarkeit als Grunderfordernis bestehen blieb.

In der Literatur ist anerkannt, eine Wiederholbarkeit im weiteren Sinn zu fordern. Damit ist die Wiederholbarkeit an neuen Stichproben einer bestimmten Population von Versuchspersonen gemeint. Einige Autoren (z.B. ANDERSEN, 1973) fordern in diesem Zusammenhang anstelle der Wiederholbarkeit die Konsistenz der Ergebnisse und meinen damit, daß mit zunehmender Stichprobengröße bei jeder beliebigen Verteilung der Störvariablen immer genauere Ergebnisse zu erreichen und daher anzustreben sind.

Kritik am Kriterium der Variierbarkeit

Anstelle der Variierbarkeit tritt oft die Variiertheit, d.h. es wird nicht die unabhängige Variable an sich verändert, sondern auf die vorhandene Variiertheit zurückgegriffen.

Beispiel: Die Konstitution ein- und derselben Versuchsperson als unabhängige Variable kann nicht beliebig verändert werden, vielmehr müssen unterschiedliche Versuchspersonen mit unterschiedlicher Konstitution zur Untersuchung herangezogen werden.

Je nachdem, wie streng die drei angeführten Kriterien ausgelegt werden, kann ein methodisches Verfahren als Experiment bezeichnet werden oder nicht. So wird zum Beispiel von MICHEL (1964, S. 19) bei großzügiger Auslegung der Kriterien auch ein Test als Experiment bezeichnet: "Ein psychodiagnostischer Test kann als ein spezifisches psychologisches Experiment gekennzeichnet werden, das der Erkundung individueller Unterschiede dient." Die Variierbarkeit im engeren Sinn ist dabei nicht gegeben. Gegen MICHELS Argumentation wird auch angeführt, daß durch Experimente eher allgemeine Gesetzmäßigkeiten erforscht werden und nicht individuelle Unterschiede, wie im Test (nomothetische versus ideographische Methode).

D BASISVOKABULAR

Die Beschäftigung mit der Experimentalpsychologie verlangt das Verständnis eines Basisvokabulars, welches folgend kurz erklärt wird.

I. VERSUCHSLEITER, VERSUCHSPERSON, VERSUCHSTIER

Ein Versuchsleiter (Vl) oder Experimentator führt ein Experiment durch, er erteilt Instruktionen an die Versuchspersonen und registriert zumeist auch die Beobachtungen. Eine Versuchsperson (ein Versuchstier) (Vp, Vt) ist ein Mensch (Tier), der (das) an einem Experiment teilnimmt bzw. dazu verwendet wird.

II. STICHPROBE, STICHPROBENARTEN

Die Vpn stellen eine Stichprobe dar. Die Vpn, welche ausgewählt werden, sollen jene Gruppe repräsentieren, für welche die Ergebnisse gelten sollen. Die Stichprobe soll ein möglichst getreues Abbild von der interessierenden Gruppe, also eine möglichst repräsentative Teilmenge aus der interessierenden Population (Gesamtmenge) sein. Je nachdem, welches Stichprobenverfahren (Methoden zur Erhebung von Stichproben) angewandt wird, erhält man verschiedene Stichprobenarten.

1. Zufallsstichprobe (Angewandtes Verfahren: einfaches Zufallsverfahren)

Die Stichprobe wird nach dem Zufallsprinzip gezogen, wobei jede Person der Population die gleiche Chance hat, in die Stichprobe zu kommen.

2. Geschichtete Zufallsstichprobe (Angewandtes Verfahren: eingeschränktes Zufallsverfahren)

Die Population wird in möglichst homogene Schichten eingeteilt, wobei innerhalb dieser Schichten die Stichprobe nach einem reinen Zufallsprinzip ausgewählt wird. Spiegelt die Anzahl der aus jeder Schicht gezogenen Personen die Verteilung der Schichten in der Population wider, erhält man eine proportionale Stichprobe.

3. Quotenstichprobe (Angewandtes Verfahren: Quotenverfahren: Stichprobenverfahren mit bewußter Auswahl)

Die Quotenstichprobe entspricht einer geschichteten, proportionalen Stichprobe ohne Zufallsauswahl.
Beispiel: Bei Meinungsumfragen muß der Interviewer eine ganz bestimmte Anzahl von Personen mit bestimmtem Geschlecht, bestimmtem Alter, bestimmtem Beruf, usw. befragen.

4. Gelegenheitsstichprobe (Angewandtes Verfahren: bewußtes Stichprobenverfahren)
Beispiel: Oft werden ausschließlich Psychologiestudenten als Vpn herangezogen, da sie am leichtesten als Vpn zu gewinnen sind.

Die verschiedenen Stichprobenverfahren sind mit unterschiedlich hohem Aufwand verbunden. Die von der jeweiligen Stichprobe gewonnenen Ergebnisse können mehr oder weniger präzise auf die Population übertragen werden. Die Generalisierbarkeit der Ergebnisse ist bei den hier aufgezählten Stichprobenarten bei der geschichteten, proportionalen Zufallsstichprobe am größten, bei der Gelegenheitsstichprobe am kleinsten.

Von *abhängigen Stichproben* spricht man, wenn die Gruppen entweder durch Parallelisieren entstanden sind, oder Meßwiederholungen an denselben Vpn erfolgen, und die Daten pro Vp miteinander verglichen werden. (Parallelisieren bedeutet: Von zwei Vpn, die hinsichtlich einer oder mehrerer Variablen gleich bzw. sehr ähnlich sind, wird eine Vp der einen Gruppe, die zweite der anderen Gruppe zugeordnet.) *Unabhängige Stichproben* sind solche, bei denen die Gruppen durch Randomisieren (Zufallsaufteilung) getrennt werden.

III. VARIABLEN, KONTROLLGRUPPE, VERSUCHSGRUPPE

Variablen sind quantitativ oder qualitativ veränderliche Größen. Jede Variable hat daher mindestens zwei Ausprägungen. Eine *quantitative* Variable unterscheidet sich von einer *qualitativen* dadurch, daß erstere unterschiedlich graduelle Ausprägungen zeigt, letztere hingegen weist unterschiedliche Ausprägungen hinsichtlich einer Eigenschaft auf.
Beispiel:
quantitative Variable: Körpergröße
qualitative Variable: Geschlecht

Die quantitative Variable kann *stetig* oder *diskret* sein. Sie ist stetig, wenn beliebig kleine Unterschiede (Abstufungen) theoretisch möglich wären, sie ist diskret, wenn sie nur ganz bestimmte Werte annehmen kann.
Beispiel:
stetige Variable: Tonhöhe
diskrete Variable: Anzahl der Darbietungen eines Tons

Die *unabhängige* Variable (UV) wird auch Faktor oder Versuchsbedingung genannt. Sie ist jene, die vom Vl verändert wird.

Die *abhängige* Variable (AV) ist jene, an welcher die Auswirkung der UV untersucht werden soll.
Beispiel: Es soll festgestellt werden, ob sich unterschiedliche Geräusche auf die Lernleistung auswirken.
unabhängige Variable: Geräusch,
abhängige Variable: Lernleistung

Die UV ist die *Reizvariable*, da sie einen Einfluß auf die Versuchsperson ausübt. Die AV ist die *Reaktionsvariable*.

Organismische Variablen sind Merkmale von Organismen wie Körpergröße, Alter, Geschlecht usw. Sie sind primär auch als UV möglich.

Die *Kontrollgruppe* (KG) ist bis auf die UV exakt den gleichen Bedingungen ausgesetzt wie die *Versuchsgruppe* (VG) oder Experimentalgruppe. Die Wirkung der UV erfährt nur die Experimentalgruppe.

Intervenierende Variablen oder vermittelnde Variablen treten unkontrolliert zwischen Reiz (UV) und Reaktion (AV). Sie können aus unterschiedlichen Gründen unkontrollierbar sein, z.B. weil sie unbekannt sind oder ihre Kontrolle zu aufwendig wäre. Sie verhindern, daß die Reaktion (R) direkt eine Funktion des Stimulus (S) ist.

Irrelevante Variablen sind im Zusammenhang mit dem jeweiligen Experiment nicht von Bedeutung, sie können daher vernachlässigt werden.
Beispiel:
UV: Alter
AV: Raumvorstellungsvermögen
irrelevante Variable: Haarfarbe der Vpn

Eine *Störvariable* ist eine Variable, die (möglicherweise) einen Effekt auf die AV hat und daher kontrolliert werden muß, damit sie den Effekt der UV nicht verwischt. Nach Einführung einer Kontrolle wird aus der Störvariable eine kontrollierte Variable.

IV. KONTROLLE DER STÖRVARIABLEN

Zur Kontrolle der Störvariablen stehen unterschiedliche Methoden zur Verfügung: Durch das *Parallelisieren* wird zunächst die Störvariable an jeder Vp gemessen. Danach werden die Vpn Gruppen derart zugeteilt, daß der Mittelwertsunterschied bezüglich der Störvariablen zwischen den Gruppen so gering ist, daß er vernachlässigt werden kann. Eine Voraussetzung für diese Methode ist die Operationalisierbarkeit und Meßbarkeit der Störvariablen. Aufgrund des damit verbunden Aufwandes empfiehlt sich das Parallelisieren eher für kleinere Stichproben.

Randomisieren bedeutet, daß die Vpn nach einem Zufallsprinzip den Gruppen zugeordnet werden (z. B. durch Münzwurf, Lose, usw.). Dieses Verfahren eignet sich nicht besonders für kleine Stichproben, da die Gefahr besteht, daß trotz des Zufallsprinzips die Störvariable ungleich stark über die Gruppen hinweg verteilt ist. Ein Vorteil ergibt sich daraus, daß die Störvariable nicht bekannt sein muß.

Die *KG* wird von den gleichen Störvariablen beeinflußt wie die VG, und damit wird die Wirkung der Störvariablen kontrolliert.

Konstanthalten: Die Störvariable bleibt über die Dauer des Versuchs hinweg für alle Vpn gleich. Dabei besteht allerdings das Problem der Verallgemeinerung des Untersuchungsergebnisses, da unklar ist, wie die Störvariable jeweils auf die einzelne Vp wirkt.

Kombination der Störvariablen mit der UV: Unterschiedliche Stufen der Störvariablen werden mit der UV kombiniert, und zwar nach dem Zufallsprinzip, um das Ergebnis nicht systematisch zu verfälschen.

Statistische Techniken, wie z.B. die Kovarianzanalyse, erlauben es, bei der statistischen Auswertung den Effekt einer unkontrollierten Störvariablen abzuschätzen.

V. KONFUNDIERUNG VON STÖRVARIABLEN

Variiert eine Störvariable systematisch mit der UV, spricht man von einer Konfundierung von Störvariable und UV. Die Konfundierung verhindert eine exakte Aussage über den Ursache-Wirkungs-Zusammenhang. Kann eine Konfundierung nicht vermieden werden, so scheidet das echte Experiment als Forschungsmethode für die jeweilige Untersuchung aus.

VI. EINZELNE STÖRVARIABLEN UND DEREN KONTROLLE

1. Versuchsleitereffekte

ROSENTHAL (1964) war einer der ersten Psychologen, der sich systematisch mit den Versuchsleitereffekten auseinandersetzte. Sein legendäres Rattenexperiment ist längst zum Warnsignal vor der Unterschätzung von Vl-Effekten geworden. Zum Rattenexperiment: die als intelligent ausgegebenen Ratten erzielen bei Lernexperimenten bessere Ergebnisse als die angeblich dummen Ratten, infolge der Vl-Erwartungen und der dadurch induzierten unbewußten unterschiedlichen Behandlung der beiden eigentlich gleich intelligenten Rattenstämme.

Zu den Versuchsleitereffekten zählen:

a) Merkmale des Vl

Eigenheiten des Vl wie z.B. Geschlecht, Attraktivität und Tonfall können indirekt die Vp und deren Verhalten beeinflussen. Eine Kontrollmöglichkeit wäre z.B. das Heranziehen mehrerer Vl für ein und dasselbe Experiment, oder das Verwenden eines Tonbandes, um zumindest die intraindividuellen Unterschiede (Vl wechselt in der Tonlage) zu vermindern.

b) Versuchsleitererwartungs- bzw. Rosenthaleffekt

Die Erwartung des Vl bezüglich des Ergebnisses des Experiments kann die Vp ebenfalls beeinflussen, ohne daß der Vl dies beabsichtigt oder bemerkt (siehe ROSENTHALS Rattenexperiment). Es handelt sich dabei um ein nicht zu unterschätzendes Problem in der Experimentalpsychologie, welches aber relativiert wird, wenn gewisse Vorkehrungen getroffen werden. Der Effekt bleibt aus, wenn

- der Vl nicht die Möglichkeit hat, von einer Vp ein bestimmtes Versuchsergebnis zu erwarten.
- der Vl es geschickt versteht, seine Erwartung nicht zum Ausdruck kommen zu lassen.
- die Vp nicht auf den Erwartungseffekt reagiert, etwa weil sie die Information des Vl nicht zu dekodieren vermag, oder aber nicht auf diese Information anspricht.
- er kontrolliert wird.

Mögliche Kontrollen der Vl-Effekte

a) Ausschalten des Vl

Zum Beispiel durch interaktive Computerprogramme. Hier stellt sich jedoch die Frage, inwieweit anstelle der Vl-Effekte "Computer-Effekte" als Störvariablen zu berücksichtigen sind.

b) Schulung des Vl

Bei der Schulung muß v.a. dem nonverbalen Verhalten (Mimik, Gestik, Körperhaltung, usw.) Aufmerksamkeit geschenkt werden.

c) Blindversuch, Doppelblindversuch

Beim Blindversuch wissen die Vl nicht, welcher Versuchsbedingung ihre Vpn unterworfen sind. Beim Doppelblindversuch wissen weder der Vl noch die Vp, welcher Gruppe die Vp zugehörig ist. Sowohl beim Blindversuch als auch beim Doppelblindversuch sind darüber nur die dem Vl übergeordneten Untersuchungsleiter informiert.

d) Erwartungskontrollgruppe

ROSENTHAL war der Auffassung, daß die oben angeführten Blindversuche nicht wirklich "blind" sind, da der Erwartungseffekt des Untersuchungsleiters bei der Information der Vl auf diese übertragen werden können, und bei Doppelblindversuchen der gleiche Vorgang von den Vl auf die Vpn stattfindet. Eine mögliche Alternative wäre seiner Meinung nach eine Erwartungskontrollgruppe. Der Vl der Erwartungskontrollgruppe wird so instruiert, daß er die gleichen Ergebnisse wie der Vl der Experimentalgruppe erwartet. Die Erwartungskontrollgruppe wird aber genauso wenig der UV ausgesetzt wie die KG. Sind die Ergebnisse der Experimentalgruppe und Erwartungskontrollgruppe sehr ähnlich, muß man wohl davon ausgehen, daß ein Vl-Erwartungseffekt zum Tragen gekommen ist.

2. Versuchspersoneneffekte

a) Erwartungen der Vp

Erwartungen der Vp über die Auswirkung einer experimentellen Bedingung (z.B. Placeboeffekt) wirken störend. Eine mögliche Kontrolle wäre, daß eine Information der Vp über Details des Experiments entfällt.

b) Sozial erwünschtes Verhalten

Die Vp zeigt sozial erwünschtes Verhalten, z.B. aus Angst vor Zurückweisung. Hier wäre eine mögliche Kontrolle die Aufklärung der Vp oder etwa eine vertrauensvolle Beziehung zwischen Vl und Vp.

c) Bewertungsangst

Manche Vpn haben Angst, von Psychologen bewertet zu werden und genieren sich z.B. für ein schlechtes Intelligenztestergebnis. Mögliche Kontrolle: siehe oben bei "sozial erwünschtes Verhalten".

d) Zu kooperatives Verhalten

Die Vp möchte dem Vl einen Gefallen tun, indem sie sich der Hypothese gemäß verhält. Mögliche Kontrolle: siehe oben bei "Erwartungen".

e) Unkooperatives Verhalten

Die Vp lehnt sich gegen den Vl auf, möglicherweise aus individualhistorischen Gründen (z.B. schlechte Vorerfahrungen mit Psychologen). Mögliche Kontrolle: siehe oben bei "sozial erwünschtes Verhalten".

3. Positionseffekt und Carry-over-Effekt

Diese beiden Störvariablen können nur bei Versuchsplänen mit mehreren experimentellen Bedingungen pro Vp auftreten.

Positionseffekt

Der Positionseffekt hängt mit der Position einer experimentellen Bedingung, d.h. der Stellung in der Zeitabfolge im Versuchsablauf, zusammen. Im Laufe der Zeit des Experiments können sich die situativen Gegebenheiten ändern.
Beispiel: Die zunehmende Langeweile bei einem längeren Versuch.

Kontrolle des Positionseffekts

a) Beim vollständigen Ausbalancieren werden alle möglichen Reihenfolgen, in welchen die experimentellen Bedingungen auftreten können, hergestellt. Die Vpn werden gleichmäßig den Reihenfolgen zugeteilt.

b) Beim unvollständigen Ausbalancieren hingegen wird nur ein Teil aus den möglichen Reihenfolgen selektiert, z.B. nach dem Zufallsprinzip oder mittels der Spiegelbildmethode.
Beispiel: Eine Reihenfolge wird verdoppelt und gespiegelt. 1 - 3 - 2 - 4 - 4 - 2 - 3 - 1. Diese Spiegelbildmethode ist jedoch an bestimmte Voraussetzungen geknüpft (HUBER, 1988).

Carry-over-Effekt

Vom Carry-over-Effekt spricht man, wenn eine experimentelle Bedingung eine darauffolgende inhaltlich beeinflußt. Entscheidend ist daher, welche Bedingung vor einer anderen realisiert wird. Es ist also nicht - wie beim Positionseffekt - relevant, ob die Bedingung an zweiter, vorletzter oder letzter Stelle steht.

Kontrolle des Carry-over-Effekts

Wenn möglich, ist der Auslöser des Carry-over-Effekts auszuschalten. Ist dies nicht möglich, kann auch versucht werden, zwischen den einzelnen Bedingungen so viel Zeit zu lassen, daß der Carry-over-Effekt dadurch an Wirkung verliert.

VII. HYPOTHESEN

Bei jedem Experiment geht man von einem Problem, einer vorläufig unbeantworteten Frage aus. Als Quelle der Problemstellung kann etwa die Alltagspsychologie oder aber eine Beschäftigung mit einem speziellen Thema dienen. Nur aufgrund einer intensiven Auseinandersetzung mit dem Problem kann eine *präzise Fragestellung* und daraus eine einfache, klare und überprüfbare Hypothese (*Arbeits- bzw. Sachhypothese*) resultieren. Die Hypothese verbalisiert die vermutete (erwartete) Antwort auf die Frage. Aus einer Sachhypothese läßt sich eine empirische Vorhersage formulieren. Die empirische Vorhersage beinhaltet eine Behauptung, daß unter bestimmten Bedingungen ein bestimmtes Ereignis eintritt.

Um zu sehen, ob die gewonnenen Daten mit der empirischen Vorhersage übereinstimmen oder bedeutsam von ihr abweichen, bedient man sich der Statistik. Die beiden *statistischen Hypothesen*, die Alternativ- und die Nullhypothese, werden aufgestellt. Die statistischen Hypothesen sind letztendlich diejenigen, die im Experiment überprüft werden.

Die *Alternativhypothese* H_1 (Umlegung der Sachhypothese) behauptet, daß ein aufgefundener Unterschied zwischen der Experimental- und Kontrollgruppe auf die Wirkung der UV zurückzuführen ist.

Die *Nullhypothese* H_0 behauptet, daß der Unterschied nur auf den Zufall zurückzuführen ist.

Mittels eines geeigneten statistischen Verfahrens wird überprüft, ob die H_0 beibehalten oder verworfen werden muß. Man spricht nicht vom Verifizieren oder Falsifizieren der H_0, da sie nur eine Wahrscheinlichkeitsaussage trifft, d.h. die Aussage der H_0 beinhaltet auch eine bestimmte Wahrscheinlichkeit p (abhängig vom Signifikanzniveau) für eine Fehlentscheidung.

Die H_0 wird verworfen, wenn es sehr unwahrscheinlich ist ($p<0{,}05$ bzw. $p<0{,}01$), daß der gefundene Unterschied nur auf einen Zufall zurückzuführen ist, ansonsten wird sie beibehalten. Die Festsetzung des Signifikanzniveaus obliegt dem Experimentator. Von der Überprüfung der statistischen Hypothese wird auf die Gültigkeit bzw. Nichtgültigkeit der empirischen Vorhersage und darüber hinaus auf die *Bestätigung* oder *Falsifikation* der Sachhypothese geschlossen.

Wurde die Sachhypothese bestätigt, so hat sie sich bewährt. Je nachdem, wie oft eine Hypothese schon untersucht und falsifiziert oder bestätigt wurde, hat sie einen höheren bzw. niedrigeren *Bewährungsgrad*.

Die Prüfung der Sachhypothese ist nicht gleichzusetzen mit der Prüfung der statistischen Hypothese, letztere hat zuerst zu erfolgen. Ein Rückschluß von der statistischen Hypothese auf die Sachhypothese ist erlaubt, wenn das Experiment sorgfältigst durchgeführt wurde (d.h. geeignete Kontrolle der Störvariablen, repräsentative Stichprobe, angemessenes statistisches Verfahren, usw.).

Da bei Experimenten hauptsächlich mit sogenannten "universalen Hypothesen" gearbeitet wird, kann man nicht vom Verifizieren der Hypothese sprechen, da eine universale Hypothese ja behauptet, daß eine bestimmte Gegebenheit für alle Fälle eines bestimmten Bereichs Gültigkeit hat. Meistens ist jedoch die Anzahl der Fälle, für welche die Hypothese beansprucht wird, zu groß, um wirklich jeden einzelnen überprüfen zu können (Arten von Hypothesen, vgl. HUBER, 1988).

VIII. OPERATIONALISIEREN

Den gemäß der Hypothese zu untersuchenden theoretischen Begriffen werden Operationen (Handlungen, Unternehmungen) zugeordnet, durch welche die Begriffe erfaßt werden können. Eine operationale Definition eines Begriffs findet somit dann statt, wenn eine genaue Angabe, wie der Begriff erfaßt werden kann, erfolgt.
Beispiel: Operationale Definition von Intelligenz: Intelligenz ist das, was ein Intelligenztest mißt.
Intelligenz: theoretischer Begriff
Intelligenztest: Operation

Daten sind diejenigen Informationen, die man aufgrund der Operationalisierung erhält.
Beispiel: Intelligenzquotient

Beispiele für *Operationalisierungstechniken* - oft auch Methoden der Datengewinnung genannt - sind die Verhaltensbeobachtung, Fragebögen, Test, Interviews, usw.

IX. MESSEN

Beim Messen werden den Meßobjekten (Personen, Objekte, Begebenheiten, usw.) derart Zahlen zugeordnet, daß die numerischen Relationen die empirischen Relationen zwischen den Meßobjekten widerspiegeln. Eine Skala ist eine Abbildung des empirischen Relativs auf ein numerisches Relativ. Die dabei erhaltenen Zahlen heißen Skalenwerte. Je nachdem, wie die Skalenwerte umgestaltet (transformiert) werden können, spricht man von unterschiedlichen Skalenniveaus. Skalenwerte dürfen nur insofern transformiert werden, als die Aussagen, die aus ihnen gewonnen werden können, nicht an Wahrheitswert verlieren (d.h. alle Relationen müssen beibehalten werden). Welches Skalenniveau erreicht wird, hängt von der zu messenden Variable, der Skalierungsmethode und der angewandten Operationalisierungstechnik ab. Folgende Skalenniveaus sind zu unterscheiden:

1. Nominalskala

Sie erlaubt nur eine Aussage über Gleichheit oder Verschiedenheit eines Meßobjekts bezüglich einer Variablen. D.h. alle Meßobjekte, die den gleichen Skalenwert aufweisen, sind hinsichtlich einer Variablen gleich.
Beispiel: Geschlecht, Blutgruppe
(Genaugenommen ist die Nominalskala keine Skala, da keine Zahlen im eigentlichen Sinne den qualitativen Merkmalen zugeordnet werden, sondern nur beliebige Bezeichnungen. Z.B. männlich = 1, weiblich = 2)

2. Ordinal- oder Rangskala

Sie erlaubt eine Aussage sowohl über Gleichheit bzw. Verschiedenheit eines Meßobjekts, als auch über das Größer- bzw. Kleinerverhältnis zwischen diesen Meßobjekten.
Beispiel: Rangreihen, sozioökonomischer Status

3. Intervallskala

Sie erlaubt - über die Aussagemöglichkeiten der Ordinalskala hinaus - eine Aussage über die Größe der Unterschiede zwischen je zwei Meßobjekten, da die Intervalle zwischen den Skalenwerten genau definiert sind. D.h. der Schritt von 10 zu 11 ist genauso groß wie der Schritt von 50 zu 51. Die Maßeinheiten sind konstant. Sowohl der Nullpunkt als auch die Einheit sind willkürlich festgelegt.

Beispiel: Celsius-Temperaturskala

4. Verhältnis- oder Rationalskala

Da sie einen absoluten durch die Theorie bestimmten Nullpunkt hat, ist auch eine Aussage - über die Aussagemöglichkeit der Intervallskala hinaus - bezüglich des Verhältnisses der Meßwerte zueinander möglich, d.h. Quotienten können gebildet werden. Die Einheit ist willkürlich festgelegt.
Beispiel: Reaktionszeit, Länge, Gewicht

5. Absolutskala

Sie hat einen natürlichen Nullpunkt und eine natürliche Einheit. Die Zahlen müssen nicht erst zu anderen Zahlen in Beziehung gesetzt werden, um interpretierbar zu sein, sie sind absolut interpretierbar.
Beispiel: Prozentzahlen, Wahrscheinlichkeiten

Die Intervallskala und all jene Skalen, die ein noch höheres Meßniveau (ab Skala 3.) als die Intervallskala aufweisen, sind sog. "metrische Skalen".

X. VERSUCHSPLAN

Der Versuchsplan beinhaltet den Aufbau des Experiments. Dieser muß so gestaltet sein, daß eine Hypothesenüberprüfung ermöglicht wird.

XI. INSTRUKTION

Bei der Durchführung eines Experiments ist der Instruktion große Bedeutung beizumessen. Sie sollte möglichst kurz, klar und einfach formuliert sein. Es ist notwendig, daß der Vl überprüft, ob die Vp die Instruktion auch verstanden hat. Eine Möglichkeit bestünde darin, einen Probelauf (Vorexperiment) durchzuführen, der Aufschluß darüber geben kann, ob der Ablauf des Experiments gut geplant wurde.

XII. HILFSMITTEL

All jene Utensilien, die zur Durchführung des Experiments benötigt werden, werden als Hilfsmittel bezeichnet - die Räumlichkeiten ausgenommen.

XIII. ERGEBNISDARSTELLUNG

Ist es möglich, einen bestehenden Zusammenhang zwischen UV und AV in Form einer Kurve darzustellen, wird die UV üblicherweise auf der Abszisse, die AV auf der Ordinate aufgetragen. Manchmal erweist sich auch die Darstellung des Zusammenhangs mittels einer mathematischen Funktion als durchführbar.
Beispiel: das Fechner'sche Gesetz (siehe S. 56)

XIV. BERICHT

Die Aufgabe des Berichtes besteht darin, das Experiment so genau zu beschreiben, daß es für jeden "Nichteingeweihten" nachvollziehbar ist. Die inhaltliche Gliederung eines Berichtes muß nicht der hier angeführten entsprechen. Folgende Punkte sollte aber jeder Bericht enthalten:

- Einleitung
- Theorie (Fragestellung und Hypothesen)
- Stichprobe (Auswahl und Beschreibung)
- Apparate und Materialien
- Versuchsplan (Information über AV, UV, Operationalisierung, Störvariablen und deren Kontrolle)
- Durchführung (mit Instruktion)
- Ergebnisse (mit statistischen Hypothesen, statistischen Verfahren, Ergebnisdarstellung)
- Interpretation und Diskussion (inhaltliche Analyse der Ergebnisse, neue Fragestellungen und Hypothesen, Verbesserungsvorschläge bezüglich der experimentellen Prozedur, eventuelle Änderung der Theorie)
- Kurzdarstellung des Experiments (engl. abstract; d.i. eine kurze Information über Problem-, Fragestellung, angewandte Methode, Ergebnisse, Stichprobe und Versuchsplan)
- Literaturverzeichnis

XV. GRUNDSTRUKTUR EINES EXPERIMENTS

Die Grundstruktur eines Experiments besteht aus:

- Fragestellung
- Hypothesenbildung (Sachhypothese)

- Versuchsplan
- Operationalisierung
- Kontrolle der Störvariablen
- Auswahl der Stichprobe
- Statistische Hypothese
- Durchführung
- Auswertung der Daten
- Hypothesenüberprüfung (Statistische Hypothese und Sachhypothese)
- Diskussion und Interpretation
- Verbesserungsvorschläge
- Bericht

XVI. TYPEN DES EXPERIMENTS

1. Einteilung nach dem Ziel des Experiments

Dem *Erkundungsexperiment* liegt keine oder nur eine ungenau spezifizierte Hypothese zugrunde. Das Ziel besteht darin, aufgrund der Ergebnisse eine präzise Fragestellung und Hypothese formulieren zu können.

Vor dem *Prüfexperiment* wurde eine Hypothese spezifiziert, die es nun zu überprüfen gilt.

Beim *Vorexperiment* wird überprüft, ob das eigentliche Experiment überhaupt machbar bzw. geschickt geplant wurde, oder ob Verbesserungen vonnöten sind.

Mit Hilfe des *Kontrollexperiments* sollen bereits vorhandene Ergebnisse reproduziert werden, um sie dadurch abzusichern.

Ziel beim *Verallgemeinerungsexperiment* ist die Erweiterung des Geltungsbereiches für den gefundenen Zusammenhang zwischen AV und UV, daher wird die UV so vielfältig wie möglich variiert.

2. Einteilung nach der Anzahl der UVn (unabhängige Variablen)

Im *unifaktoriellen* (einfaktoriellen) Experiment gibt es nur eine UV. Im *multifaktoriellen* (mehrfaktoriellen) Experiment gibt es mehr als eine UV.

3. Einteilung nach der Anzahl der AVn (abhängige Variablen)

Im *univariaten* Experiment wird eine AV untersucht. Im *bivariaten* Experiment werden zwei AVn gleichzeitig untersucht. Im *multivariaten* Experiment werden mehrere AVn gleichzeitig untersucht.

4. Einteilung nach der Anzahl der gleichzeitig teilnehmenden Vpn

Danach kann zwischen einem **Einzel-** und einem **Gruppenversuch** unterschieden werden.

5. Einteilung nach der Rolle der Vp im Experiment

Beim *Eindrucksversuch* teilt die Vp dem Vl die jeweils interessierende Beobachtung mit, beim *Ausdrucksversuch* obliegt die Beobachtung des Verhaltens der Vp nur dem Vl. Eine Kombination zwischen diesen beiden ist natürlich möglich.

6. Einteilung nach dem Abstufungsgrad der UV

Im *bivalenten* (zweiwertigen) Experiment zeigt die UV eine zweifache Abstufung.
Beispiel: Komplexes bzw. einfaches Störgeräusch als UV

Im *multivalenten* (mehrwertigen) Experiment kann die UV mehr als zwei Ausprägungen annehmen. Mit Hilfe eines solchen Experiments kann auch ein nicht-linearer (nicht-monotoner) Zusammenhang zwischen AV und UV erkannt werden, was beim bivalenten Experiment nicht der Fall ist.
Beispiel: UV ist ein Störgeräusch mit hohem, mittlerem bzw. niedrigem Informationsgehalt.

7. Dynamisches versus statisches Experiment

Im dynamischen Experiment ist eher der zeitliche Verlauf von Interesse, mit welchem die AV auf die Veränderung der UV reagiert, während im statischen Experiment die Aufmerksamkeit darauf gelenkt wird, welchen Zustand die AV nach der Veränderung der UV annimmt.

8. Labor- versus Feldexperiment

Man spricht von einem Laborexperiment, wenn der Versuch unter künstlich standardisierten Umgebungsbedingungen stattfindet, während bei einem

Feldexperiment der Versuch im "freien Feld", also der natürlichen Umgebung abläuft.

Der Vorteil eines Laborexperiments besteht darin, daß die Kontrolle von Störvariablen stark erleichtert wird, d.h. die interne Validität hoch ist. Der Nachteil ergibt sich aus der Künstlichkeit des Laborexperiments, welche die Generalisierungsfähigkeit der Ergebnisse über die "Laborbedingungen" hinaus auf natürliche Situationen senkt. Die externe Validität ist also gering. Der Vorteil des Laborexperiments ist zugleich der Nachteil des Feldexperiments und umgekehrt.

9. Biotisches Experiment

Bei einem biotischen Experiment (Wirklichkeitsversuch) wissen die Vpn nicht, daß sie Vpn sind, d.h. sie wissen nicht, daß sie an einem Experiment teilnehmen.
Beispiel: In Supermärkten wird von Marktforschern untersucht, wie sich unterschiedliche Verpackungen (UV) auf das Kaufverhalten (AV) auswirken.

10. Quasiexperiment versus echtes Experiment

Bei einem Quasiexperiment ist es dem Vl - im Gegensatz zum echten Experiment - nicht möglich, relevante Störvariablen auszuschalten.

XVII. KLASSISCHE GÜTEKRITERIEN

1. Objektivität eines Experiments

Ein Experiment ist dann objektiv, wenn die Versuchsergebnisse unabhängig vom jeweiligen Versuchsleiter sind, d.h. ein Versuchsleitereinfluß fehlt.

2. Reliabilität eines Experiments

Ein Experiment ist dann reliabel, wenn Wiederholungen zu möglichst gleichen Ergebnissen führen. (Reliabilität: Genauigkeit, Zuverlässigkeit)

3. Validität eines Experiments

a) Interne Validität

Ein Experiment hat eine umso größere interne Validität, je besser die Störvariablen kontrolliert werden können.

b) Externe Validität

Ein Experiment hat eine umso größere externe Validität, je größer die Generalisierbarkeit der Ergebnisse (auf andere Personen, Situationen, usw.) ist.

c) Konstruktvalidität

Ein Experiment hat eine umso größere Konstruktvalidität, je besser die Operationalisierung der AV und UV gelungen ist.

d) Validität statistischer Schlußfolgerungen

Ein Experiment hat eine umso größere Validität statistischer Schlußfolgerungen, je geeigneter die Anwendung eines spezifischen statistischen Verfahrens gewesen ist.

E MÖGLICHKEITEN UND GRENZEN DES EXPERIMENTS

I. MÖGLICHKEITEN

Die Möglichkeiten des psychologischen Experiments hängen stark von der Kreativität des Experimentators ab. Ist der Experimentator imstande, exakte Hypothesen zu formulieren, einen geeigneten Versuchsplan aufzustellen, Störvariablen zu erkennen und hinreichend zu kontrollieren, die Versuchsbedingung nicht über Gebühr zu standardisieren und sich dennoch die Aussagekraft zu sichern, usw., dann erfahren die Möglichkeiten des Experiments eine starke Erweiterung.

II. GRENZEN

Grenzen des Experiments ergeben sich aus der Berücksichtigung ethischer Prinzipien. Ethische Probleme, die sich immer wieder stellen, sind:

- Die Vpn werden mit schädigenden bzw. unangenehmen Reizen oder Situationen konfrontiert.
Beispiel: Schmerz, Angst, Verletzung des Selbstwertgefühls

- Eigenschaften von Vpn werden beeinflußt.
Beispiel: Eine Einstellungsänderung wird bewirkt.

- Absichtliche Täuschung der Vpn
Beispiel: Lernversuche, bei denen die Vp nicht erfahren soll, daß ihre Lernleistung überprüft wird.

- Verletzung des Datenschutzes, d.h. das Recht der Versuchsperson auf Anonymität nicht gewahrt wird.

Teilweise können solche Probleme gelöst werden, indem gewährleistet wird, daß
- die Vp die Untersuchung jederzeit abbrechen kann,
- die Vp im nachhinein über die Täuschung informiert wird und die Möglichkeit hat, ihre Einwilligung zurückzunehmen (in diesem Fall müßten die Daten gelöscht werden),
- die Vp explizit auf bestimmte Rechte, wie z.B. vollständige Information über Ziel und Zweck des Experiments, verzichtet.

Methodologische Grenzen werden durch die Frage nach der Aussagekraft des Experiments, vor allem durch die Frage nach der Generalisierbarkeit der Ergebnisse gesetzt. Hierhinein fällt das Problem des lebensfremden, gekünstelten Experiments.

LEWIN meint, daß die Lebensnähe des Experiments nicht in der quantitativen Übereinstimmung mit der Wirklichkeit zu suchen ist, sondern darin, ob beide Male (im Leben und im Experiment) wirklich derselbe Geschehenstypus vorliegt. Andere Wissenschaftler zweifeln daran und behaupten, daß zwischen der experimentellen Situation und der Lebens-Situation ein qualitativer und damit grundsätzlicher Unterschied besteht.

PSYCHOPHYSIK

A GESCHICHTE DER PSYCHOPHYSIK

Die Psychophysik beschäftigt sich mit der quantitativen Messung von Erlebnissen. Sie untersucht die quantitativ meßbare Beziehung von Erlebnissen zu physikalischen, physiologischen oder zu anderen psychologischen Variablen. Die Psychophysik ist also die Wissenschaft von Beziehungen zwischen bestimmten Reizen und den ihnen entsprechenden Erlebnissen.

Die klassische Psychophysik beschränkte sich vor allem auf die Konfrontation von physikalischen Reizen mit den dazugehörigen subjektiven Empfindungen, während die neuere Psychophysik auch physiologische und andere psychologische Variablen den subjektiven Variablen gegenüberstellt.

Daß psychologische Prozesse meßbar gemacht werden können, galt lange Zeit als unvorstellbar.

Immanuel KANT (1724-1804) war der Überzeugung, daß die Psychologie niemals eine Wissenschaft sein könne, da psychologische Vorgänge nicht gemessen, quantifiziert und überprüft werden könnten.

Johann Friedrich HERBART (1776-1841), der Nachfolger KANTS als Professor der Philosophie an der Königsberger Universität, war konträrer Auffassung, indem er postulierte, die Psychologie "solle und könne mathematisch sein". Seine Arbeit "Psychologie als Wissenschaft, neu gegründet auf Erfahrung, Metaphysik und Mathematik" (1824/25) zeigte, daß Psychologie quantitativ sein kann.

Gustav Theodor FECHNER (1801-1887), Mediziner und Professor für Physik in Leipzig, wurde von den Ideen HERBARTS stark beeinflußt. FECHNER gilt als eigentlicher Begründer der wissenschaftlichen Psychophysik, sein wichtigstes Werk "Elemente der Psychophysik" wurde 1860 veröffentlicht.

Wilhelm WUNDT (1832-1920), Professor für Philosophie, faßte die Erkenntnisse der Forschungen in seinem 1879 gegründeten Institut für experimentelle Psychologie in Leipzig - dem ersten psychologischen Institut der Welt - zusammen, systematisierte sie und verselbständigte die Psychologie nach Gegenstand und Methode. WUNDT wird daher als Begründer der Experimentalpsychologie als unabhängige, neue Wissenschaft gesehen. Die meisten Arbeiten waren der Sinnesempfindung und der Wahrnehmung gewidmet. Zu WUNDTS Schülern zählten namhafte Persönlichkeiten, wie z.B.

der Psychiater Emil KRAEPELIN (bekannt für die Klassifikation der Geisteskrankheiten), die beiden dänischen Psychologen Alfred LEHMANN und Carl LANGE (bekannt für Arbeiten über Emotionen) oder James McKeen CATTELL (sein Hauptinteresse galt der Differentiellen Psychologie).

Obwohl FECHNER bahnbrechende Arbeit auf dem Gebiet der Psychophysik leistete, war er nicht der erste, der sich mit psychophysischen Fragen auseinandersetzte.

Pierre BOUGUER (1698-1758), ein französischer Physiker und Mathematiker, berechnete bereits eine Unterschiedsschwelle für den optischen, Charles Eduard Joseph DELEZENNE (1776-1866) für den akustischen Bereich. BOUGERS Berechnungen zeigten, daß einem Ausgangsreiz (hier im konkreten das Licht einer Kerze) 1/64tel seiner Lichtstärke hinzugefügt werden muß, um beim Betrachter einen Unterschied wahrnehmbar zu machen. DELEZENNE berechnete eine Unterschiedsschwelle für ein musikalisch trainiertes Gehör von weniger als 1/15tel eines Halbtones.

Ernst Heinrich WEBER (1795-1878), Professor für Physiologie und Anatomie in Leipzig, dissertierte über den Tastsinn und schenkte der Unterschiedsschwelle besondere Aufmerksamkeit. Dabei stand im Mittelpunkt seines Interesses die Frage, wie sehr ein Ausgangsreiz verändert werden muß, damit die Versuchsperson diese Veränderung eben noch bemerkt. WEBERS Untersuchungen zeigten, daß der Reizzuwachs, der eine eben noch merkliche Veränderung der Empfindung bewirkt, in einem näherungsweise konstanten Verhältnis zum Ausgangsreiz steht. WEBER demonstrierte damit, daß die relative Unterschiedsschwelle konstant ist.

$$\frac{(S_i - S_0)}{S_0} = k$$

S_i-S_0.. eben merklicher Unterschied
S_0....... Ausgangsreiz
k......... Weber'sche Konstante

Dieses *Weber'sche Gesetz* - es wurde von FECHNER so genannt - bildete die Grundlage für die Überlegungen FECHNERS. Dieser fügte noch das theoretische - jedoch vielfach angezweifelte - Postulat hinzu, daß eben merkliche Unterschiede gleich große subjektive Einheiten seien. Von diesen beiden Annahmen ausgehend, leitete FECHNER das "psychophysische Grundgesetz" ab:

$R = f(S) = k \log (S/S_0)$

R........ Empfindungsstärke
S......... Reizstärke
S_0....... absolute Reizschwelle
k......... Proportionalitätskonstante, abhängig von der verwendeten Maßeinheit

Das *Fechner'sche Gesetz* drückt aus, daß die Empfindung in arithmetischer Reihe ansteigt, wenn die Reizstärke in geometrischer Reihe wächst. Sowohl das Weber'sche als auch das Fechner'sche Gesetz gelten meist nur im Mittelbereich eines Reizkontinuums, sie sind bloße Approximationen der tatsächlichen Sachverhalte.

J.A.F. PLATEAU (1801-1883), ein belgischer Physiker, stellte eine andere Beziehung zwischen subjektiven Empfindungen und objektiven Reizwerten fest, die nicht dem Fechner'schen Gesetz entsprach, sondern einer Potenzfunktion.

Smith S. STEVENS (1906-1973), ein amerikanischer Psychologe und der vielleicht prominentester Psychophysiker des 20. Jahrhunderts, konnte 1953 endgültig das *psychophysische Potenzgesetz* für verschiedene Sinnesgebiete nachweisen.

$R = k\,S^n$
$\ln R = n \ln S + \ln k$

R..... Erlebnisstärke
S...... Reizstärke
k...... Maßstabskonstante
n...... von der jeweiligen Sinnesmodalität abhängiger Exponent

Das psychophysische Potenzgesetz drückt eine doppelt-logarithmische Abhängigkeit zwischen der Reizstärke und der Erlebnisstärke aus.

Die beiden divergierenden Gesetze - das Fechner'sche Gesetz und das Potenzgesetz - fußen auf verschiedenen psychophysischen *Skalierungsmethoden*, woran die Bedeutung des methodischen Ansatzes erkennbar ist. FECHNER arbeitete mit indirekten Skalierungsmethoden, PLATEAU und STEVENS mit direkten. Direkte Skalierung unterschiedet sich von der indirekten dadurch, daß die Versuchsperson im einen Fall Größenbeziehungen zwischen den psychischen Empfindungsgrößen direkt beurteilt, während im anderen

Fall von Urteilshäufigkeiten ausgegangen und davon auf die Stellung der Empfindungsgrößen zueinander geschlossen wird.

Die wichtigsten indirekten Methoden wurden von FECHNER, G.E. MÜLLER (1850-1934, deutscher Philosophieprofessor) und von L.L. THURSTONE (1887-1955, amerikanischer Psychologe) entwickelt. Die direkten Skalierungsmethoden sind nur wenig jünger als die indirekten und wurden zunächst nur selten angewandt, da lange an deren Exaktheit gezweifelt wurde. Letztendlich gelangten sie aber zu verbreiteter Anerkennung. Die direkten Methoden gehen auf die Pionierarbeit von PLATEAU, J. MERKEL (ca. Mitte des 19. Jahrhunderts) und STEVENS zurück.

Das vorrangige Thema der *neueren Psychophysik* ist die Analyse der Abhängigkeit der Wahrnehmungsurteile von Reizdarbietungsbedingungen, Kontextmerkmalen, Erwartungen, Risikoeinschätzungen und Urteilsstrategien.

Schon WEBER zeigte mittels des Drei-Schalen-Versuchs, daß unsere Empfindungen von früheren Reizgeschichten abhängig sind. Von der klassischen Psychophysik wurde die Relativität (bedingt durch die o.a. Abhängigkeit) der Wahrnehmungsurteile nicht berücksichtigt, im Gegensatz dazu wird in der neueren Psychophysik dieser Fragenkomplex z.B. von der Adaptationsniveautheorie (HELSON, 1964), der Signal-Detektions-Theorie (SWETS, 1966) und der Theorie der Bezugssysteme (WITTE, 1964) aufgegriffen.

Beispiel: Drei-Schalen-Versuch
Taucht man beide Hände zunächst in lauwarmes Wasser, danach die linke Hand in kaltes, die rechte in warmes Wasser, dann werden nach einer Adaptationszeit die Empfindungsurteile der Versuchsperson beim neuerlichen Eintauchen beider Hände in lauwarmes Wasser unterschiedlich ausfallen: Für die linke Hand wird das Urteil "warm", für die rechte Hand das Urteil "kalt" gefällt werden.

Die *Anwendungsgebiete der Psychophysik* erstrecken sich v.a. auf die Arbeits- und Unweltpsychologie, die Vigilanzforschung und die elektroakustische Industrie. Die Erkenntnisse der Psychophysik erweisen sich also in all jenen Bereichen als nützlich, in denen es von Wichtigkeit ist, wie Umweltreize psychisch verarbeitet werden, wie die physikalische Umwelt kontrolliert und gestaltet werden soll. Daß sich die Psychophysik jedoch nicht nur auf das Physikalische beschränkt, zeigt die Anwendung der von THURSTONE nach dem Prinzipien der Psychophysik entwickelten modernen Skalierungsmethoden für die Einstellungsmessung.

Die Psychophysik ist weiters für die Grundlagenforschung in der Wahrnehmungspsychologie und als Hilfsmittel in der neuropsychologischen Forschung von Bedeutung.

B ZENTRALE THEMEN

Zentrale Themen der Psychophysik - als einem Teil der Wahrnehmungspsychologie - sind einerseits die Funktionseigenschaften des sensorischen Systems und andererseits das Messen der Empfindungen.

I. FUNKTIONSEIGENSCHAFTEN DES SENSORISCHEN SYSTEMS

Folgende Fragen stellen sich:
- Wie reagiert das sensorische System auf bestimmte Reize?
- Welche quantitative Beziehung besteht zwischen dem Reiz (input) und der Reaktion (output)?
- Besteht ein funktionaler Zusammenhang zwischen Reiz und Reaktion?
- Wie empfindlich und wie genau reagiert das sensorische System?

Aus diesen Fragen resultieren zwei Aufgabenbereiche:

1. Schwellenbestimmungen, da diese etwas über die Empfindlichkeit und Genauigkeit der Wahrnehmung aussagen.
2. Bestimmung des funktionalen Zusammenhangs zwischen Reiz und Reaktion, wobei der Reiz nichts anderes als die Ursache einer Empfindung und die Reaktion die Empfindung, genaugenommen das Urteil der Vp über die Empfindung ist.

II. MESSEN DER EMPFINDUNGEN

Dabei werden tatsächlich Urteile skaliert, da die subjektiven Empfindungen nur über die Urteile der Vpn zugänglich sind.

Wie bereits im Zusammenhang mit der Geschichte der Psychophysik angeführt, konzentrierte sich die Klassische Psychophysik auf physikalische Reize, während die Moderne Psychophysik auch die quantitative Beziehung von physiologischen und psychologischen Variablen zu den Empfindungen untersucht.

Problemtypus I: S-R-Beziehungen

Die quantitative Beziehung zwischen einem physikalischen Reiz und der Empfindung, die durch ihn ausgelöst wird.
Beispiel: objektive Schallstärke (S) - subjektiv empfundene Lautstärke (R)

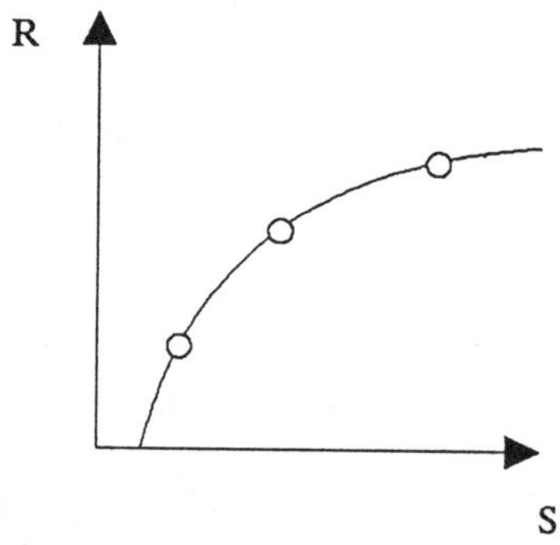

Abb. 1

Problemtypus II: Psychophysiologische Beziehungen

Die quantitative Beziehung zwischen einer physiologischen Variable und der Empfindung, die durch diese ausgelöst wird.
Beispiel:
Blutalkoholspiegel (BAK) - subjektives Wohlempfinden
Aktivierung - Leistungsfähigkeit

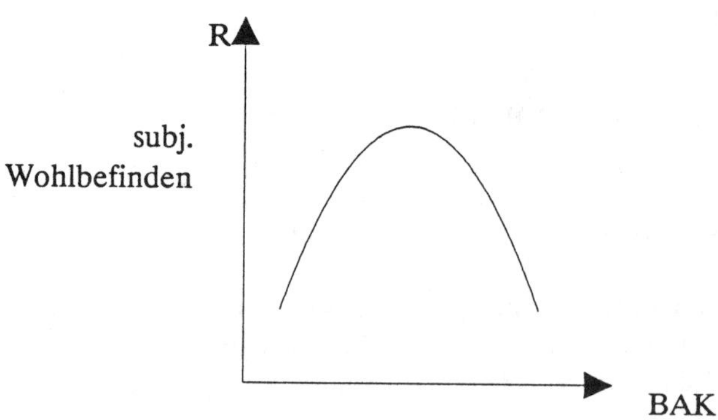

Abb. 2

Problemtypus III: Intrasubjektive Beziehungen

Die quantitative Beziehung zwischen zwei psychologischen Variablen.
Beispiel: subjektiv erlebte Entfernung - emotionale Anteilnahme

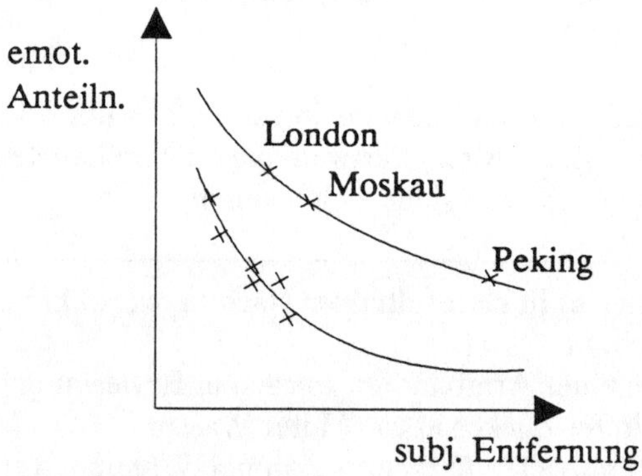

Abb. 3

C SCHWELLENARTEN UND SCHWELLENTHEORIE

I. SCHWELLENARTEN

1. Qualitätsschwellen

Die Qualitätsschwellen (obere und untere) stecken jenen Bereich ab, innerhalb welchem Reize Empfindungen auslösen können.
Beispiel: Im akustischen Bereich können nur mechanische Schwingungen von 20 bis 2000 Hz eine Hörempfindung bewirken. Im optischen Bereich können nur elektromagnetische Wellen mit einer Wellenlänge von 10^{-7} bis 10^{-4} cm eine Sehempfindung bewirken.

2. Absolute Schwellen (S_0) (Intensitätsschwellen, Reizschwellen)

Die absolute Schwelle reflektiert die Empfindlichkeit der Wahrnehmung. Ein Reiz innerhalb der Qualitätsschwellen wird nur dann eine Empfindung auslösen können, wenn er eine bestimmte Intensität (Reizstärke) aufzuweisen vermag.

a) Die untere absolute Schwelle liegt beim eben merklichen Reiz, beim Übergang vom unmerklichen zum eben merklichen Stimulus.

b) Die obere absolute Schwelle wird auch als Schmerzschwelle bezeichnet, da Reize mit einem zu hohen Energiebetrag (z.B. zu laut, zu heiß, usw.) von Schmerzempfindungen begleitet werden.

Beispiel: Bei einem Ton mit einer Frequenz von 125 Hz liegt die untere absolute Schwelle ca. bei 20 dB, d.h. bei ungefähr 20 dB wird ein 125 Hz Ton eben merklich.

Die absoluten Schwellen sind sowohl intra- (z.B. Aufmerksamkeit) als auch interindividuellen (z.B. Alter) Schwankungen unterworfen. (Zur Bestimmung der absoluten Schwelle siehe weiter unten)

Sehen	Kerzenlicht in klarer dunkler Nacht in ca. 45 km Entfernung
Hören	Ticken einer Armbanduhr in ca. 6 m Entfernung
Schmecken	1 Teelöffel Zucker in ca. 7 Liter Wasser
Riechen	1 Parfümtropfen in einer 6-Zimmer-Wohnung verteilt
Berührung	1 Sandkorn aus 1 cm Höhe auf die Wange fallend

3. Unterschiedsschwelle (US) (just noticable difference = j.n.d., eben merklicher Unterschied = E.M.U., relative Schwelle)

Die Unterschiedsschwelle reflektiert die Genauigkeit der Wahrnehmung. Die absolute Unterschiedsschwelle (ΔS) ist jene minimale Reizdifferenz, die notwendig ist, um einen eben merklichen Unterschied zwischen zwei Reizen zu empfinden.

$$\Delta S = (S - S_0)$$

S_0.... Ausgangsreiz

Die relative Unterschiedsschwelle ist die absolute US im Verhältnis zum Ausgangsreiz.

$$\text{Rel. US.} = \Delta s / s_0 = \frac{s - s_0}{s_0}$$

Beispiel: Nicht gehobene Gewichte als Reize: Die absolute Unterschiedsschwelle beträgt bei einem Gewicht von 100g ungefähr 30g, d.h. erst ein Gewicht von 70 bzw. 130g wird als verschieden vom 100g Gewicht empfunden. Die relative Unterschiedsschwelle beträgt 30% des Ausgangsreizes, da 30/100 = 0,3 g x 100 = 30%.
$\Delta S = 30g, S_0 = 100g, S = 130g$

II. SCHWELLENTHEORIE

Die Schwellen sind keine Fixpunkte, sondern fließende Übergänge. Das rührt daher, daß ein- und derselbe Reiz unterschiedliche Empfindungen (Reaktionen) auslösen kann. Die Häufigkeitsverteilung der Empfindungen infolge ein- und desselben Reizes entspricht einer, um einen modalen Wert verteilten, Normalverteilung. Diese Häufigkeitsverteilung trägt auch den Namen Diskriminalverteilung, da die Unterscheidungsfähigkeit zwischen zwei Reizen in engem Zusammenhang mit diesem Geschehen steht. Denn je geringer die objektive Reizdifferenz zweier Reize ist, desto eher kommt es zu einer Überlappung der beiden Empfindungsnormalverteilungen und desto schwieriger wird das subjektive Unterscheiden zwischen diesen beiden Stimuli.

Zu dieser zunächst rein theoretischen Überlegung kam man, da immer wieder beobachtete werden konnte, daß die Urteilssicherheit von der objektiven Reizdifferenz abhängig ist, die Urteilssicherheit also eine Funktion der objektiven Reizdifferenz ist. Je kleiner die objektive Reizdifferenz, desto größer ist die Wahrscheinlichkeit, daß der objektiv kleinere Reiz als gleich oder sogar als größer als der objektiv größere Reiz empfunden wird.

Diese theoretischen Überlegungen konnten von MACY (1954) mittels Untersuchungen über bioelektrische Potentiale untermauert werden. Die Untersuchungsergebnisse zeigen, daß die bioelektrischen Potentiale, verursacht durch ein- und denselben Reiz, um einen modalen Wert normal verteilt sind.

D PSYCHOPHYSISCHE METHODEN

Zur Erforschung der Funktionseigenschaften des sensorischen Systems und der Empfindungsmessungen wurden zahlreiche psychophysische Methoden entwickelt. Im wesentlichen wird zwischen indirekten und direkten Methoden unterschieden.

I. INDIREKTE METHODEN (KONFUSIONSMETHODEN)

Die Reaktionen der Vp sind Ordinalurteile, d.h. die Vp urteilt über die Gleichheit bzw. Verschiedenheit und über das Größer- bzw. Kleinerverhältnis von Reizen. Die Wahrscheinlichkeit, daß eine Vp richtig urteilt, ist abhängig von der Größe des Unterschieds zwischen zwei Reizen. Je größer der Unterschied, desto größer die Wahrscheinlichkeit eines richtigen Urteils.

Beispiel: Verschiedene Gewichte werden mit einem Standardreiz von 600g verglichen. Die Wahrscheinlichkeit, daß die Vp einen Vergleichsreiz von 800g als schwerer beurteilt, ist kleiner als bei einem Vergleichsreiz von 820g. Die Urteile der Vp sind variabel, d.h. ein- und derselbe Vergleichsreiz kann beim ersten Durchgang als gleich und beim zweiten Durchgang als größer beurteilt werden, da ein- und derselbe Reiz nicht immer gleich empfunden wird. Je größer der Unterschied zwischen Standard- und Vergleichsreiz, desto wahrscheinlicher folgt ein richtiges Urteil.

Die Häufigkeit, mit welcher sich die Vp irrt, sagt etwas über den subjektiv empfundenen Unterschied aus (daher auch die Bezeichnung "Konfusionsmethode"). Die Zone der größten Unsicherheit ist jener Bereich um den Standardreiz, in welchem die Wahrscheinlichkeit eines Größerurteils gleich ist der Wahrscheinlichkeit eines Kleinerurteils.

Die indirekten Methoden basieren also auf der Variabilität von Urteilen und den Urteilshäufigkeiten, von welchen auf die Empfindungsgröße geschlossen wird.

Die im folgenden angeführten drei indirekten Methoden dienen sowohl der Intensitäts- als auch der Unterschiedsschwellenbestimmung.

1. Herstellungsmethode (Methode des mittleren Fehlers)

a) Bestimmung der Intensitätsschwelle (absolute Schwelle)

Die Vp hat einen Reiz herzustellen, der eben merklich ist.
Beispiel: Die Vp stellt mittels des Tongenerators einen Ton her, den sie eben erst hören kann.
Berechnung: Die absolute Schwelle entspricht dem Mittelwert der hergestellten Reizintensitäten.

b) Bestimmung der Unterschiedsschwelle (US)

Ein Standardreiz wird vorgegeben. Die Vp hat die Aufgabe, einen Vergleichsreiz herzustellen, welcher subjektiv gleich dem Standardreiz empfunden wird.
Beispiel: Der Vl stellt mittels eines Tongenerators einen Ton mit 1000 Hz und 60 dB her. Die Vp muß die Reizintensität des Vergleichstons (1000 Hz) derart regulieren, daß ihr der Vergleichsreiz subjektiv gleich laut erscheint wie der Standardreiz.
Berechnung:

Absolute Unterschiedsschwelle (US) = j.n.d. (just noticeable difference) = mittlere Variation

Mittlere Variation......... Mittelwert der absoluten Abweichungen vom PSE
PSE .... point of subjective equality: Punkt der subjektiven Gleichheit = Mittelwert der falschen und richtigen Gleich-Urteile

Relative Unterschiedsschwelle = absolute Unterschiedsschwelle / Standardreiz

PSE - Standardreiz = Konstanter Fehler (CE, für constant error)
Mittlerer Fehler .... Mittelwert der absoluten Abweichungen vom Standardreiz (Streuung)

Rechenbeispiel:

Eine Vp mit verbundenen Augen legt eine Hand auf ein Gerät, mit welchem vom Vl eine Streckenlänge von 60 cm zurückgelegt wird. Die Aufgabe der Vp besteht darin, exakt diese Streckenlänge ohne Hilfe des Vl nochmals nachzufahren. Nach fünfmaliger Wiederholung des Gesamtablaufes erzielte die Vp folgende Ergebnisse: 58, 61, 59, 62, 61 (cm)

$$PSE = \frac{301}{5} = 60{,}2 \text{ cm}$$

Abs. US. = Mittlere Variation =

$$= \frac{2{,}2 + 0{,}8 + 1{,}2 + 1{,}8 + 0{,}8}{5} = \frac{6{,}8}{5} = 1{,}36$$

Rel. US. in % $= \frac{1{,}36}{60}\ 100 = 2{,}27\%$

CE = 60,2 - 60,0 = 0,2 (konstante Überschätzung)

Mittlerer Fehler $= \frac{2 + 1 + 1 + 2 + 1}{5} = \frac{7}{5} = 1{,}4$

2. Grenzmethode (Methode der kleinsten Veränderungen oder Methode der wahrnehmbaren Unterschiede)

a) Bestimmung der Intensitätsschwelle

Der Vp werden Reize in aufsteigender oder absteigender Ordnung dargeboten (z.B.: ein Ton wird immer lauter bzw. immer leiser). Auf den Versuchsdurchgang mit aufsteigender Ordnung folgt einer mit absteigender Ordnung und umgekehrt. Die Vp teilt mit, ob sie einen Reiz wahrnimmt oder nicht. Gewöhnlich beendet man einen Durchgang dann, wenn das Urteil wechselt (hier: von "wahrgenommen" zu "nicht wahrgenommen" bzw. umgekehrt).
Beispiel: Reiz ist ein Sinuston, hergestellt mit einem Tongenerator, mit gleichbleibender Frequenz von 120 Hz. Variiert wird die Lautstärke (dB). Reaktion ist ein Empfindungsurteil mit zwei Urteilskategorien: Wahrnehmung (+), keine Wahrnehmung (-).
Berechnung:

$$S_0 = 1/2\,(\overline{L}_u + \overline{L}_o)$$

S_0....... Intensitätsschwelle

L_u...... untere Schwelle: wird pro Durchgang mit aufsteigender Ordnung beim Übergang von "*keine Wahrnehmung*" zu "Wahrnehmung" festgelegt.

$\overline{L}_u$...... Mittelwert aller Lu

L_o...... obere Schwelle: wird pro Durchgang mit absteigender Ordnung beim Übergang von "Wahrnehmung" zu "keine Wahrnehmung" festgelegt.

$\overline{L}_o$...... Mittelwert aller L_o

Rechenbeispiel:

		Durchgang					
		1 auf	2 ab	3 auf	4 ab	5 auf	6 ab
	2	-		-		-	
	4	-		-		-	
	6	-		-		-	
	8	-		+		-	-
Reiz	10	+			-	-	+
	12		-		+	+	+
	14		+		+		+
	16		+		+		+
	18		+		+		+
		9	13	7	11	11	9

- ...... keine Wahrnehmung

+ .... Wahrnehmung

$$\overline{L}_u = \frac{27}{3} = 9$$

$$\overline{L}_o = \frac{33}{3} = 11$$

$$S_0 = 1/2\,(9 + 11) = 10$$

b) Bestimmung der Unterschiedsschwelle

Der Vp werden wie bei a) Reize abwechselnd in ab- und aufsteigender Reihenfolge dargeboten. Diese Reize sind jedoch Vergleichsreize, da zusätzlich ein Standardreiz geboten wird. Die Vp beurteilt jeden Vergleichsreiz hinsichtlich seines Größer-, Kleiner-, bzw. Gleichverhältnisses zum Standardreiz.
Berechnung:

Absolute US. $= \Delta S = 1/2$ IU

IU ...... Intervall der Unsicherheit = $\bar{L}_o - \bar{L}_u$
L_u ...... untere Schwelle, die pro Durchgang mit aufsteigender Ordnung beim Übergang vom Kleiner- zum Gleichurteil und pro Durchgang mit absteigender Ordnung vom Gleich- zum Kleinerurteil festgelegt wird.
L_o ...... obere Schwelle, die pro Durchgang mit absteigender Ordnung beim Übergang von Größer- zum Gleichurteil und pro Durchgang mit aufsteigender Ordnung vom Gleich- zum Größerurteil festgelegt wird.

PSE = $1/2\,(\bar{L}_o + \bar{L}_u)$
CE = PSE - Standardreiz

Relative US. in % = $\dfrac{\text{absolute US}}{\text{Standardreiz}}$ 100

Rechenbeispiel:

Eine Vp mit verbundenen Augen und auf einer Tischfläche abgestützten Ellenbogen hält ein Tablett in Händen, auf welches vom Versuchsleiter zunächst ein Gewicht von 50g (Standardreiz) gestellt wird und weiters - je nach Durchgang - schwerere, gleich schwere und leichtere Gewichte zum Vergleich angeboten werden. Die Aufgabe der Vp besteht im Urteil, ob der Vergleichsreiz leichter, gleich schwer oder schwerer war als der zuvor dargebotene Standardreiz.

Ergebnis:

Standardreiz = 50g

Reiz (g)	Durchgang 1 auf	2 ab	3 auf	4 ab	5 auf	6 ab
10	-		-		-	
15	-		-		-	
20	-		-		-	
25	-		-		-	
30	-		=	-	-	-
35	=	-	=	=	-	=
40	=	=	=	=	=	=
45	=	=	=	=	=	=
50	=	=	=	=	=	=
55	=	=	=	=	=	=
60	=	=	=	=	=	=
65	=	+	+	=	=	=
70	+	+		+	=	+
75		+		+	+	+
80		+		+		+
85		+		+		+
90		+		+		+

L_u: 32,5 37,5 27,5 32,5 37,5 32,5
$\bar{L}_u$ = 200/6 = 33,33
L_o: 67,5 62,5 62,5 67,5 72,5 67,5
$\bar{L}_o$ = 400/6 = 66,67
IU = 33,34 (= 66,67 - 33,33)
Abs. US. = 33,34/2 = 16,67
PSE = 1/2 (66,67 + 33,33) = 50
Rel. US. = 33,3% (16,67/50 100)
CE = 0

3. Konstanzmethode

Die Konstanzmethode unterscheidet sich von der Grenzmethode nur darin, daß die Vergleichsreize in zufälliger Reihenfolge und nicht in auf- oder absteigender Ordnung dargeboten werden.

a) Bestimmung der Intensitätsschwelle (Methode der konstanten Reize)

Auf Reize unterschiedlicher Intensitäten urteilt die Vp mit "Wahrnehmung" oder "keine Wahrnehmung".

Berechnung: Die Intensitätsschwelle wird bei jener Intensität festgelegt, bei welcher die Vp mit einer Wahrscheinlichkeit von 0,5 (d.h. in der Hälfte aller Fälle) mit der Urteilskategorie "Wahrnehmung" reagiert.

Rechenbeispiel:

Ein Ton mit einer Frequenz von 125 Hz wird in fünf unterschiedlichen Intensitätsausprägungen dargeboten und zwar 30mal pro Ausprägungsgrad in zufälliger Reihenfolge. Die Aufgabe der Vp besteht nun darin, das Urteil "wahrgenommen" bzw. "nicht wahrgenommen" pro Tondarbietung (insgesamt 150) abzugeben.

Ergebnis:

Reiz (125 Hz)	10	15	20	25	30 (dB)
Urteil wahrgenommen	1	9	14	20	28
Relative Häufigkeit	0,03	0,30	0,47	0,67	0,93
Prozentsatz	3	30	47	67	93

Die Intensitätsschwelle für einen 125 Hz-Ton wird demnach bei 20 dB festgelegt, da die Vp mit einer Wahrscheinlichkeit von 0,5 mit der Urteilskategorie "wahrgenommen" reagierte.

b) Bestimmung der Unterschiedsschwelle (Methode der konstanten Reizdifferenzen)

Die Vergleichsreize sollen wiederum mit einem konstanten Standardreiz verglichen werden.

Berechnung:

- bei den Urteilskategorien ($S > S_0$, $S = S_0$, $S < S_0$) liegt der PSE bei jener Reizintensität, bei welcher die Vp mit einer Wahrscheinlichkeit von 0,5 mit "$S > S_0$" reagiert. Die absolute US wird definiert als die Differenz zwischen dem Reiz, der mit einer Wahrscheinlichkeit von 0,75 das Urteil "$S > S_0$" hervorruft und dem PSE.
- die Vp erhält die Instruktion, mit "verschieden" zu urteilen, wenn sie einen Unterschied zwischen S und S_0 wahrzunehmen glaubt und mit "gleich", wenn sie keinen Unterschied wahrzunehmen vermag. Die absolute US wird definiert als die Differenz zwischen dem Standardreiz und dem Reiz, bei dem die Vp mit einer Wahrscheinlichkeit von 0,5 mit dem Urteil "verschieden" reagiert.

Rechenbeispiele:

Die Vergleichsreize werden in zufälliger Reihenfolge zeitlich nach dem Standardreiz geboten (25 mal pro Vergleichsreiz); Die Vp urteilt mit "kleiner" bzw. "größer" als der S_0.

1. Beispiel

Standardreiz (S_0): Gewicht von 50g
Vergleichsreize: Gewichte mit 35, 40, 45, 55, 60, 65, 70 g

Ergebnis:

Vergleichsreize	35	40	45	55	60	65	70
Urteil <	12	5	3	2	-	-	-
Urteil >	-	-	1	2	6	13	19
Rel. Häufigkeit	-	-	0,04	0,08	0,24	0,52	0,76
Prozentsatz	-	-	4	6	24	52	76

Die Vp urteilte mit einer Wahrscheinlichkeit von ungefähr 0,5 mit "größer" bei 65g und mit einer Wahrscheinlichkeit von ungefähr 0,75 bei 70g.

Daraus folgt:

PSE = 65g
Abs. US. = 70 - 65 = 5g

2. Beispiel

Standardreiz (S_0) = 50g
Vergleichsreize = 30, 35, 40, 45, 50, 55, 60, 65, 70 g

Die Vergleichsreize werden in zufälliger Reihenfolge zeitlich nach dem Standardreiz geboten (25 mal pro Vergleichsreiz).

Die Vp urteilt mit "gleich wie" bzw. "verschieden" von S_0.

Ergebnis:

Vergleichsreize	30	35	40	45	50	55	60	65	70
Urteil "gleich"	6	13	18	22	23	21	17	12	5
Urteil "verschieden"	19	12	7	3	2	4	8	13	20
Rel. Häufigkeit	0,76	0,48	0,28	0,12	0,08	0,16	0,32	0,52	0,8
Prozentsatz	76	48	28	12	8	16	32	52	8

Die Vp urteilte mit einer Wahrscheinlichkeit von ungefähr 0,5 mit "verschieden" bei 65g und 35g. In beiden Fällen beträgt die abs. US. 15g, das Resultat im Zuge der Differenzbildung mit dem S_0.

4. Methode des Paarvergleichs nach THURSTONE

Bei n-Reizen werden alle möglichen - nämlich n(n-1)/2 - Paarkombinationen gebildet. Dabei bewertet die Vp, welcher Reiz von den jeweils dargebotenen ein höheres Maß des vorher festgelegten Beurteilungskriteriums aufweist.

Beispiel: Eine Vp soll entscheiden, welches Verbrechen sie am meisten verabscheut. Die Delikte:

Unterschlagung (U)
Einbruchsdiebstahl (Ed)
Mord im Affekt (Ma)
Raubüberfall (Rü)
Spionage für eine fremde Macht (Sp)
Kindesentführung (Ke)

Berechnung der Skalenwerte:

a) Dominanzmatrix pro Person

Wenn $S_i > S_j$ -> $S_{ij} = 0$ und $S_{ji} = 1$
Wenn $S_j > S_i$ -> $S_{ij} = 1$ und $S_{ji} = 0$

	U	Ed	Ma	Rü	Sp	Ke
U	–	1	0	0	1	1
Ed	0	–	1	0	1	1
Ma	1	0	–	1	0	1
Rü	1	1	0	–	0	1
Sp	0	0	1	1	–	0
Ke	0	0	0	0	1	–

Abb. 4

b) Matrix mit absoluten Häufigkeiten (Aufsummierung über die Personen)

	U	Ed	Ma	Rü	Sp	Ke
U		38	33	40	39	48
Ed	12		38	45	48	50
Ma	17	12		28	14	41
Rü	10	5	22		35	30
Sp	11	2	36	15		35
Ke	2	0	9	20	15	

Abb. 5

c) Matrix mit relativen Häufigkeiten (absolute Häufigkeiten / Anzahl der urteilenden Vpn) n = 50

	U	Ed	Ma	Rü	Sp	Ke
U		0.76	0.66	0.80	0.78	0.96
Ed	0.24		0.76	0.90	0.96	1.00
Ma	0.43	0,24		0.56	0.28	0.82
Rü	0.20	0.10	0.44		0.70	0.60
Sp	0.22	0.04	0.72	0.30		0.70
Ke	0.04	0.00	0.18	0.40	0.30	

Abb. 6

d) Matrix mit z-Werten

	U	Ed	Ma	Rü	Sp	Ke
U		+0.706	+0.413	+0.842	+0.772	+1.751
Ed	-0.706		+0.706	+1.282	+1.751	+3.090
Ma	-0.413	-0.706		+0.151	-0.583	+0.915
Rü	-0.842	-1.282	-0.151		+0.525	+0.253
Sp	-0.772	-1.751	+0.583	-0.525		+0.525
Ke	-1.751	-3.090	-0.915	-0.253	-0.525	
$\sum_i z_{ij}$	-4.48	-6.12	+0.64	+1.50	+1.94	+6.53
$1/k \sum_i z_{ij}$	-0.75	-1.02	+0.11	+0.25	+0.32	+1.09

Abb. 7 (z-Werte aus der Standard-Normalverteilungstabelle, siehe Anhang)

e) Die Spaltensummen k ergeben die Skalenwerte, welche auf einer Intervallskala liegen (k = 6).

Im Sinne einer Ergebnisverschönerung wird eine Transformation vorgenommen und zwar

$$R_j = \frac{R_j + 2}{0{,}98}$$ daraus folgt:

Skalenwerte:

1,00 für Ed
1,28 für U
2,15 für Ma
2,30 für Rü
2,37 für Sp
3,15 für Ke

5. Rangordnungsverfahren

n-Reize werden nicht paarweise vorgegeben, sondern alle zur gleichen Zeit. Die Aufgabe der Vp besteht darin, die Reize in eine Rangordnung zu bringen, wobei bei n-Reizen n-Ränge zu vergeben sind. Den Rang 1 bekommt gewöhnlich jener Reiz, welcher das jeweilige Merkmal in größten Ausmaße aufzuweisen vermag. Zur Berechnung der Skalenwerte wird die Rangordnung von n-Reizen als Ergebnis von n(n-1)/2 Paarvergleichen angesehen.

6. Methode der sukzessiven Kategorien (Intervalle)

Die Vp hat n-Reize in vorgegebene Kategorien einzuordnen. Die Kategoriengrenzen müssen eine Rangordnung bilden, sie müssen jedoch nicht gleich groß sein, d.h. die Unterschiede zwischen aufeinanderfolgenden Kategorien müssen nicht gleich groß sein. (Berechnung der Skalenwerte: SIXTL, 226)

II. DIREKTE METHODEN

Bei den direkten Methoden mißt die Vp sozusagen selbst, indem sie den Reizen Zahlen zuordnet. Die Reaktionen sind also Zahlen, die unmittelbar die Skala ergeben.

1. Direkte Methoden, die auf Intervallurteilen basieren

a) Methode der einzelnen Reize

Die Vp vergibt nach einem vorgegebenen Urteilsschema (meist 5 bis 7 Zahlen) den einzeln dargebotenen Reizen einen bestimmten Wert. Damit die Urteile tatsächlich Intervallskalenniveau haben, muß die Vp darauf achten, daß z.B. der Reiz, der mit 3 bewertet wird, sich vom Reiz mit dem Wert 2 um genausoviel unterscheidet, wie der Reiz mit dem Wert 4 vom Reiz mit dem Wert 3. Da die Reize einzeln dargeboten werden, erhält man sogenannte absolute Urteile.

b) Methode der multiplen Reize

Da bei dieser Methode alle Reize gleichzeitig zur Beurteilung dargeboten werden, spricht man von relativen oder relationalen Urteilen.

2. Methode der gleicherscheinenden Intervalle (Zuordnen von Zahlenbereichen zu Objekten)

Diese Methode ist eine verfeinerte Form der auf Intervallurteilen basierenden direkten Methode (SIXTL, 1973). Die Vp hat - wie bei der Methode der sukzessiven Kategorien - n Reize in vorgegebene Kategorien einzuordnen. Die Kategoriengrenzen müssen jedoch nicht nur eine Rangordnung bilden, sondern auch gleich groß sein (am subjektiven Kontinuum). D.h. die

Unterschiede zwischen aufeinanderfolgenden Kategorien müssen gleich groß sein.
Berechnung der Skalenwerte: Der Skalenwert eines Reizes entspricht dem Mittelwert jener Kategorien, in welche der Reiz eingeordnet wurde (andere Methode, SIXTL, 1973).

3. Direkte Methoden, die auf Verhältnisurteilen basieren

Die Urteile haben Verhältnisskalenniveau.

a) Methode der Verhältnisherstellung

Ein Vergleichsreiz, der einem bestimmten Quotienten oder bestimmten Vielfachen des Standardreizes entspricht, soll von der Vp hergestellt werden.
Beispiel:
Standardreiz = Strecke von 50 cm
Instruktion: Stelle mittels Kinematometer einen Vergleichsreiz her, der halb so lang ist wie der Standardreiz.

b) Methode der Größenherstellung

Ein Vergleichsreiz soll hergestellt werden, sodaß das genannte Größenverhältnis zum vorgegebenen Standardreiz erreicht wird.
Beispiel:
Standardreiz = bestimmte Strecke mit Bezugszahl 100
Instruktion: Stelle mittels Kinematometer einen Vergleichsreiz her, sodaß sich dieser zum Standardreiz verhält wie 100 : 30.

c) Methode der Verhältnisschätzung

Die Vp schätzt das Verhältnis zwischen einem vorgegebenen Standard- und Vergleichsreiz, wobei sie anzugeben hat, welchem Quotienten oder Vielfachen das Verhältnis entspricht.
Beispiel:
Standardreiz = Strecke von 50 cm
Vergleichsreiz = Strecke von 25 cm
Frage an die Vp: In welchem zahlenmäßigen Verhältnis steht die Standardstrecke zur Vergleichsstrecke?

d) Methode der Größenschätzung

Standard- und Vergleichsreiz werden vorgegeben, wobei der Standardreiz eine Bezugszahl bekommt. Die Vp schätzt das Größenverhältnis zwischen den beiden Reizen.

Beispiel:
Standardreiz = Strecke von 50 cm mit Bezugszahl 100
Vergleichsreiz = Strecke von 25 cm
Frage an die Vp: Wenn die Standardstrecke 100 beträgt, wieviel beträgt dann die Vergleichsstrecke?

ad a) b) c) d) *Berechnung* der Skalenwerte

Dem Standardreiz wird irgendeine positive Zahl zugeordnet; davon ausgehend ergeben sich aus den experimentellen Daten die Zahlenzuordnungen zu den Vergleichsreizen. Darauffolgende Medianschätzungen lassen jedem Vergleichsreiz einen Skalenwert zukommen.

ad c) Methode der konstanten Summen

Die Vp teilt beim Vergleich zweier Reize S_i und S_j eine konstant bleibende Punkteanzahl (z.B. 100) auf diese beiden Reize auf.

Berechnung der Skalenwerte (R_j)

- Matrix mit geometrisch gemittelten Werten

	S_1	S_2	S_3	S_4
S_1	-	44.9	28.8	11.0
S_2	55.1	-	34.5	12.8
S_3	71.2	65.5	-	21.1
S_4	89.0	87.2	78.9	-

$$v_{ij} = \sqrt[n]{\pi\, v_{ij,v}}$$

$v_{ij,v}$ Punkteanzahl, die die Vp dem
Reiz S_j im Vergleich zu S_i gibt

Abb. 8

Das geometrische Mittel aller Einzelergebnisse wird pro Reiz gebildet. D.h. diejenigen Punkte, die ein Reiz S_j gegenüber dem Reiz S_i bekommen hat, werden über alle Einzelergebnisse geometrisch gemittelt, um die interindividuellen Unterschiede zu beseitigen.

- Matrix mit den Logarithmen der geometrisch gemittelten Werte

	S_1	S_2	S_3	S_4	
S_1	-	3.80	3.36	2.40	9.56
S_2	4.01	-	3.54	2.55	10.10
S_3	4.27	4.18	-	3.05	11.50
S_4	4.49	4.47	4.37	-	13.33
	12.77	12.45	11.27	8.00	

Abb. 9

Die erhaltenen Werte werden auf eine logarithmische Skala übertragen. Aus dieser Matrix können zunächst die Schätzwerte und dann die Skalenwerte selbst berechnet werden.

- Berechnung der Schätzwerte (y_j)

$$y_1 = \frac{1}{4}\,(12{,}77 - 9{,}56) = 0{,}803$$

$$y_2 = \frac{1}{4}\,(12{,}45 - 10{,}10) = 0{,}588$$

$$y_3 = \frac{1}{4}\,(11{,}27 - 11{,}50) = -0{,}058$$

$$y_4 = \frac{1}{4}\,(8{,}00 - 13{,}33) = -1{,}333$$

Die Zeilensumme eines Reizes S_i wird von dessen Spaltensumme subtrahiert, das Ergebnis wird durch die Anzahl der zu beurteilenden Reize dividiert.

- Von den Schätzwerten zu den Skalenwerten

R_1 = 2,33
R_2 = 1,80
R_3 = 0,94
R_4 = 0,26

Durch das Entlogarithmisieren der Schätzwerte erhält man die Skalenwerte.

e) Free ratio estimation method von MASHOUR

Bei n-Reizen werden der Vp n(n-1)/2 Paare zur Beurteilung vorgegeben. Die Vp gibt an, in welchem zahlenmäßigen Verhältnis zwei Reize zueinander stehen, wobei die Vp jedoch nicht auf einen bestimmten Zahlenbereich festgelegt wird.
Beispiel: Erscheint der Vp ein Gewicht dreimal so schwer wie ein anderes, kann sie das Verhältnis mit 1 : 3, 15 : 45 oder 100 : 300 usw. beschreiben.

Berechnung der Skalenwerte:

- Erstellung einer Matrix:

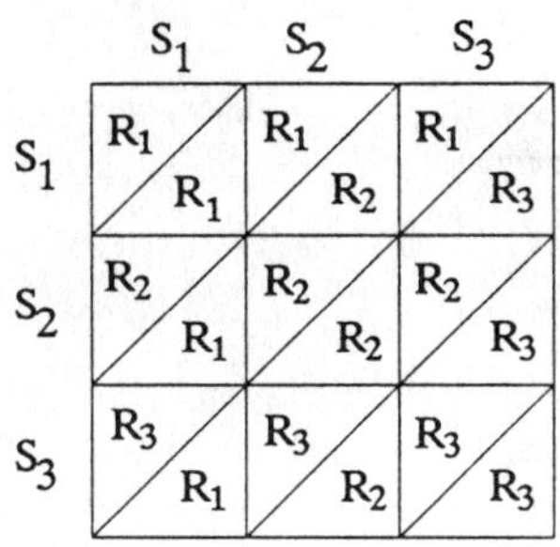

Abb. 10

Bei der Matrixerstellung ist auf Folgendes zu achten: Gleiche Reize (also S_1/S_1, S_2/S_2, S_3/S_3) werden nicht miteinander verglichen. Stattdessen wird in diesen Schnittstellenfeldern jeweils der Wert 1 eingetragen. Ebenso erfolgt keine Umkehrung der einzelnen Kombinationen. D.h. nur eine Hälfte der Matrix (ober- bzw. unterhalb der R_1/R_1 - R_2/R_2 - R_3/R_3 - Diagonale) wird erfragt, die andere Hälfte wird aus diesen gewonnen Werten (durch Umkehrung dieser) ergänzt.

- Bilden der Zeilensummen: Die Zeilensummen ergeben die Skalenwerte der subjektiven Stärkenempfindung.

$$R_1 \Sigma \frac{1}{R_i}, \quad R_2 \Sigma \frac{1}{R_i}, \quad R_3 \Sigma \frac{1}{R_i}$$

Es empfiehlt sich, die einzelnen Skalenwerte durch den kleinsten Skalenwert zu dividieren, sodaß dem schwächsten Reiz die Zahl 1 zukommt.

Rechenbeispiel:

Die Vp soll ein- und dasselbe Musikstück - von drei verschiedenen Geigenvirtuosen gespielt - auf den jeweiligen künstlerischen Gehalt hin beurteilen. Gefällt ihr eine Spielart z.B. viermal so gut wie eine andere, soll sie das zahlenmäßig innerhalb eines selbstgewählten Zahlenbereiches festlegen.

Ergebnis:

	S_1	S_2	S_3		Skalenwerte (Zeilensumme / 1,67)
S_1	1	$50/100$	$1/6$	1,67	1
S_2	$100/50$	1	$6/9$	3,67	2,20
S_3	$6/1$	$9/6$	1	8,50	5,09

Abb. 11

Das heißt, die Vp empfindet den künsterlischen Gehalt des ersten Geigenspielers am geringsten, den des dritten am höchsten.

III. METHODE DER GLEICHTEILUNG

Der Vp werden mehrere Reize vorgegeben. Die beiden Reize (a, b), welche hinsichtlich der Merkmalsausprägung der kleinste und der größte sind, werden als Anker definiert. Die Aufgabe der Vp besteht nun darin, denjenigen Reiz (c) zu benennen, der das Wahrnehmungsintervall zwischen dem größten und dem kleinsten Reiz halbiert. Der Reiz (c) wird zum Anker, und die Vp hat nun die intervallhalbierenden Reize (e und d) für die Wahrnehmungsintervalle ac und cb zu finden. Das nächste Wahrnehmungsintervall wäre dann ed. Der intervallhalbierende Reiz von ed müßte mit dem Reiz c identisch sein.

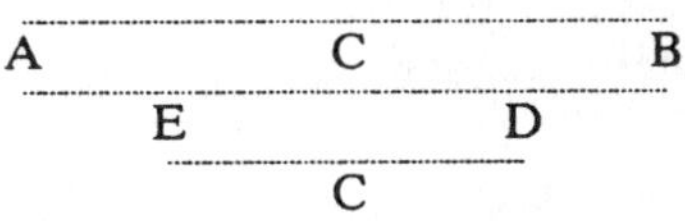

Abb. 12

Bestimmung der Skalenwerte:

Diejenigen Wahrnehmungsintervalle, die die Vp als gleich empfunden hat, werden von den Skalenwerten begrenzt, deren numerische Differenzen gleich sind. Z.B.: ac = cb, wobei a - c = c - b gilt; für a, b und c müssen Skalenwerte gefunden werden, die diese Bedingung erfüllen.

Diese Methode kann als eigene Art definiert werden, da die Vp im Gegensatz zu den direkten Methoden keine numerischen Schätzungen, sondern Ordinalurteile abgibt und im Gegensatz zu den indirekten Methoden nicht von Urteilshäufigkeiten ausgegangen wird.

IV. CROSS-MODALE-SKALIERUNG (CROSSMODALITY MATCHING)

Die Aufgabe der Vp besteht darin, die Reizintensität eines bestimmten Sinnesgebietes der subjektiven Intensität eines Reizes einer anderen Sinnenmodalität anzugleichen. Die Gültigkeit des Potenzgesetzes ist eine Voraussetzung für dieses Verfahren.

Der Zweck dieser Methode kann sein:
- die Berechnung eines Exponenten für eine bestimmte Sinnesmodalität bei Vorliegen des Exponenten einer anderen Modalität
- die Validierung empirisch gewonnener Exponenten
- die Genauigkeit des Urteilsvermögens einer Vp (Skalengenauigkeit)

Beispiel: Die Länge eines Balkens ist so einzustellen, wie der vorgespielte Ton hoch erscheint. Der Exponent n für die Längenempfindung ist gegeben, gesucht wird der Exponent m für die Tonhöhenempfindung.

Auswertung:

$R_1 = c_1 S_1^n$ (Längenempfindung)

$R_2 = c_2 S_2^m$ (Tonhöhenempfindung)

R_1 soll R_2 entsprechen, daher folgt:

$S_1^n = S_2^m$

$n \log S_1 = m \log S_2$

$$\frac{n \log S_1}{\log S_2} = m$$

Graphische Darstellung

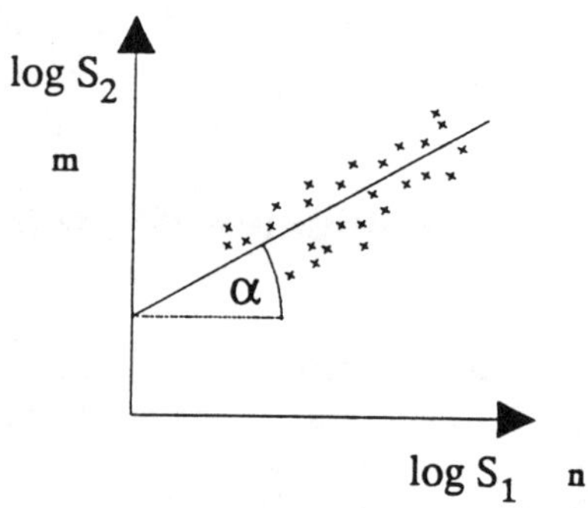

Abb. 13

$$\log S_1 = \frac{m \log S_2}{n}$$

m/n = Anstieg der Geraden

$m/n = \mathrm{tg}\ \alpha$

V. FEHLER

1. Konstante Urteilsfehler

Weicht das subjektive Urteil einer Vp systematisch vom objektiven (wahren) Wert eines Reizes ab, spricht man von einem konstanten Urteilsfehler.

Der Zeitfehler als *Beispiel* für einen konstanten Urteilsfehler: Bei Reizvergleichen mit sukzessiven Reizdarbietungen wird der jeweils zweite Reiz gegenüber dem ersten - je nach Sinnesgebiet und Versuchsaufbau - entweder konstant über- oder unterschätzt. Es ist daher je nachdem von einem positiven oder negativen Zeitfehler die Rede.

2. Variabler Fehler

Weicht das Urteil eines einzelnen Versuchsdurchgangs vom konstanten Fehler ab, bezeichnet man diesen als variablen Fehler.

3. Ankereffekt

Unrealistische Ankerreize (z.B. sehr große) können zu einer Verringerung bis Beseitigung der Streuung der Skalenwerte führen, d.h. die Skala vermag nur sehr schlecht zu differenzieren.

4. Habituationsfehler bei der Grenzmethode

Zu diesem Fehler kommt es, wenn die Vp zu lange dasselbe Urteil abgibt. Das Gegenteil hierzu läge dann vor, wenn die Vp aufgrund des Wissens, daß die Reize immer kleiner bzw. größer werden, das Urteil schon vorzeitig ändert.

VI. EINTEILUNG DER SKALIERUNGSMETHODEN NACH STEVENS

STEVENS unterscheidet zwei Klassen von Skalierungsmethoden:

a) Konfusionsmethoden und Partitionsmethoden
b) Auf Verhältnisurteilen basierende direkte Methoden

Zu den Konfusionsmethoden zählen alle auf Ordinalurteilen basierenden indirekten Methoden, zu den Partitionsmethoden alle auf Intervallurteilen basierenden direkten Methoden und die Methode der Gleichteilung.

E PROBLEM DES METHODISCHEN ANSATZES

Die Anwendung der beiden erwähnten Methodenklassen führt zu unterschiedlichen subjektiven Skalen. Die zur Klasse a) gehörenden Konfusions- und Partitionsmethoden ergeben Konfusions- bzw. Partitionsskalen. Beide sind Kategorienskalen mit Intervallskalenniveau. Die zur Klasse b) gehörenden, auf Verhältnisurteilen basierenden direkten Methoden liefern Größenskalen mit Verhältnisskalenniveau. (Ob die beiden genannten Skalenniveaus tatsächlich erreicht werden, wird noch zu diskutieren sein.) Unterschiedliche subjektive Skalen bedeuten nicht die falsche Anwendung einer Methode, wenn sie nach erlaubter Transformation übereinstimmen. Unterschiedliche Methoden und die daraus gewonnenen Skalen sind gleichermaßen gültig, wenn der Zusammenhang zwischen den Skalen ein linearer ist. Ist der Zusammenhang jedoch ein kurvilinearer, sind die angewandten Methoden nicht äquivalent. Stellt man die nach Methodenklasse a) und die nach Klasse b) gewonnenen Skalen gegenüber, wird in der Mehrheit der Fälle ein kurvilinearer Zusammenhang ersichtlich, d.h. die beiden Methodenklassen sind nicht äquivalent. In der Minderheit sind jene Fälle, in denen ein linearer Zusammenhang zustandekommt.

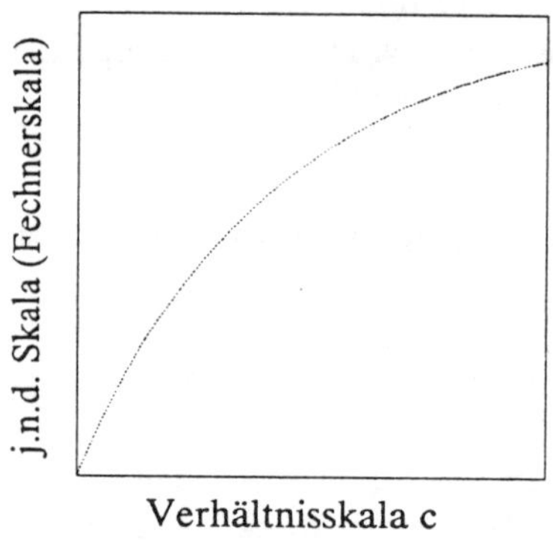

Abb. 14

STEVENS nahm darauf aufbauend folgende Unterscheidung von Merkmalen vor: Die Merkmale, bei welchen ein kurvilinearer Zusammenhang vorliegt, sind prosthetische Merkmale. Jene, bei denen ein linearer Zusammenhang vorliegt, sind metathetische Merkmale (näheres zur Unterscheidung, siehe unten).

STEVENS' Erklärung des kurvilinearen Zusammenhangs

Da STEVENS von der Richtigkeit der auf Verhältnisurteilen basierenden direkten Methoden und den daraus resultierenden Skalen mit Verhältnisskalenniveau ausging, schloß er auf den Erhalt einer logarithmischen Intervallskala bei Anwendung der aus der Methodenklasse a) stammenden Methoden. Er erklärte das damit, daß bei zunehmender Reizstärke die eben wahrnehmbaren Unterschiede subjektiv stärker empfunden werden und daher die subjektiven Kategoriengrenzen nach obenhin breiter werden. Da dies in der Kategorienskala jedoch nicht berücksichtigt wird und die Kategorien über die Skala hinweg äquidistant bleiben, wird die Skala nach obenhin gestaucht, und daraus ergibt sich der kurvilineare Zusammenhang.

Zahlreiche Untersuchungen (GALANTER und MESSIK, 1959; TORGERSON, 1961; EISLER, 1962; SCHNEIDER und LANE, 1963) dementieren die Annahme STEVENS, die subjektiven Kategoriengrenzen würden mit zunehmender Reizstärke breiter werden. Es bleibt auch die Frage offen, warum bei metathetischen Merkmalen dieser von STEVENS angenommene Vorgang ausbleiben sollte.

Andere Erklärungsansätze für den kurvilinearen Zusammenhang

TORGERSON war einer der ersten, der das Verhältnisskalenniveau der aus der Methodenklasse b) gewonnenen Skalenwerte bezweifelte. Es gibt Vermutungen, daß der Mensch mit Zahlen nicht umgeht wie ein Mathematiker, daß die Zahlen als Reaktionen daher keine lineare Beziehung zu den arithmetischen Zahlen haben. Eine Überlegung TORGERSONS war, daß die von der Vp erlebten Unterschiede mal als Differenzen und mal als Quotienten bezeichnet werden, je nachdem welche Instruktion sie vom Experimentator erhält. Tatsächlich erlebt die Vp nur einen einzigen Wahrnehmungsunterschied, ist aber nicht fähig zu unterscheiden zwischen einem erlebten Unterschied als Differenz oder Verhältnis, da diese beiden Begriffe nur dem Zahlensystem entlehnt sind. Werden die erlebten Unterschiede zum einen als Differenzen und zum anderen als Quotienten abgebildet, erhält man in einem Fall eine Kategorien- und im anderen eine Größenskala, zwischen denen ein logarithmischer Zusammenhang besteht (und daher der kurvilineare Zusammenhang). Trifft diese Überlegung TORGERSONS zu, dann wird eine Skala mit Verhältnisskalenniveau für bestimmte Merkmale - eben den prosthetischen - zur Unmöglichkeit. Eine weitere Schlußfolgerung daraus wäre, daß bei bestimmten Merkmalen - den metathetischen nämlich - sehr wohl eine Unterscheidung zwischen erlebten Wahrnehmungsdifferenzen und -quotienten und darüber hinaus eine Verhältnisskala möglich sein muß (und daher der lineare Zusammenhang).

Prosthetische versus methatetische Merkmale

STEVENS bot zur Unterscheidung - unter anderem - folgende Kriterien an:

- Unterscheidung nach der Art des Zusammenhangs zwischen den nach a) und b) gewonnenen Skalen: Ist der Zusammenhang ein kurvilinearer, handelt es sich um ein prosthetisches Merkmal. Ist der Zusammenhang ein linearer, liegt ein methatetisches Merkmal vor.

- Unterscheidung nach der Differenzierungsart zweier Stimuli innerhalb derselben Sinnesmodalität: Bei prosthetischen Merkmalen unterscheiden sich zwei Stimuli quantitativ voneinander, bei methatetischen hingegen qualitativ. Auf der physiologischen Ebene entspricht das folgender Vorstellung: Bei prosthetischen Merkmalen erfolgt eine Erregungsaddition, bei methatetischen Merkmalen eine Veränderung der Erregungskonstellation.
Beispiele für prosthetische Merkmale: Lautstärke, Helligkeit, Gewicht;
Beispiel für methatetische Merkmale: Tonhöhe, visuelle Neigung einer Strecke gegen die vorgestellte Horizontale, Einstellungen;

Es gibt immer wieder auch Merkmale, die aufgrund des einen Unterscheidungskriteriums den prosthetischen Merkmalen und aufgrund des anderen den methatetetischen Merkmalen zugerechnet werden müßte. KRISTOF bietet daher andere Klassifizierungskriterien an, die sich nicht so sehr auf die Stimuli selbst beziehen, sondern vielmehr auf das Umgehenkönnen mit Zahlen hinsichtlich der Stimuli.

Nach KRISTOF gibt es drei Klassen von Merkmalen:

Klasse I: Prosthetische Merkmale, bei denen die Unterschiedsbegriffe - Differenzen, Quotienten - subjektiv von den Vpn nicht unterschieden werden können (Verhältnisskala wird unmöglich).
Beispiele: Helligkeit, Dunkelheit, Lautstärke;

Klasse II: Merkmale, bei denen die subjektive Unterscheidbarkeit zwar gegeben ist, diese aber nicht in Zusammenhang gebracht werden können mit Differenzen bzw. Quotienten reeller Zahlen (Verhältnisskala wird unmöglich).
Beispiel: Tonhöhe

Klasse III: Methatetische Merkmale, bei denen sowohl die Unterscheidbarkeit als auch die Abbildbarkeit auf reelle Zahlen möglich ist (Verhältnisskala wird möglich).
Beispiel: Geruchsintensitäten

F WEBER'SCHES GESETZ

Das Weber'sche Gesetz lautet:

Die relative Unterschiedsschwelle ist konstant.

D.h.: Ein eben merklicher Reizzuwachs steht in einem konstanten Verhältnis zum Bezugsreiz, er ist ein konstanter Prozentsatz des Bezugsreizes. Der konstante Prozentsatz ist die Weber'sche Konstante, welche je nach Sinnesorgan und -modalität variiert.

Rel.US. = abs. US./Bezugsreiz = $(S_i - S_0)/S_0 = \Delta S/S_0 = k$

S_i........ Vergleichsreiz
S_0....... Bezugsreiz (Standardreiz)
k......... empirisch gefundene Konstante

Diese von WEBER erforschte Gesetzmäßigkeit wurde von FECHNER als Weber'sches Gesetz benannt.

Einige Beispiele für Weber'sche Konstanten:

Helligkeit	k = 0.4% -1.6%
Gewichte (gehoben)	k = 1.25% - 3.3%
Gewichte (gehalten)	k = 33.3%
Streckenlänge	k = 2.5%

Der Geltungsbereich des Weber'schen Gesetzes ist jedoch eingeschränkt, da es nur im Mittelbereich eines Reizkontinuums bestätigt werden konnte. Für die Weber'sche Konstante wird oft ein Rahmen angegeben, da sie auch im Mittelbereich variieren kann in Abhängigkeit von Faktoren wie Ermüdung, Aufmerksamkeit und Übung. Folgende Graphik soll die Divergenz von Theorie und Beobachtung veranschaulichen:

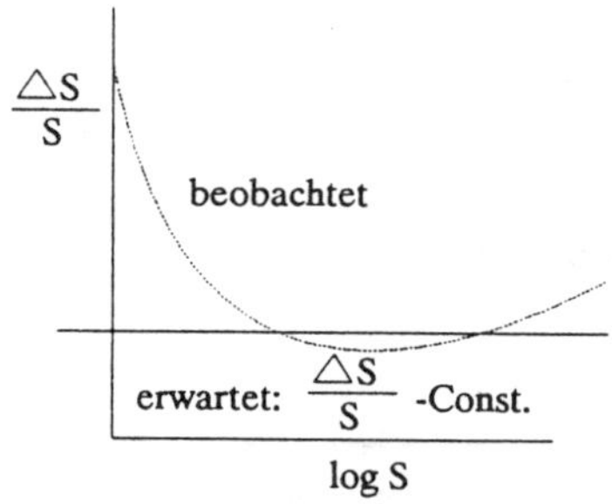

Abb. 15

In den Extrembereichen wird die relative Unterschiedsschwelle meist größer als im Mittelbereich.

Biologische Bedeutung des Weber'schen Gesetzes im Bereich mittlerer Reizintensitäten

a) Je stärker der Reiz, desto gröber die Empfindlichkeit und vice versa.
b) Unterschiede, z.B. zwischen hell und dunkel oder laut und leise, bleiben gleich.
Beispiel von EBBINGHAUS: Die Stärkeunterschiede zwischen den Tönen beim Hören eines Konzertes bleiben annähernd gleich, ob man nun weiter hinten oder vorne sitzt.
Weiteres *Beispiel*: Das Weiß des Papiers und das Schwarz der Buchstaben scheinen sich gleichermaßen voneinander zu unterscheiden, ob das Schriftstück nun bei schwächerem Tageslicht am Morgen oder bei stärkerem Tageslicht zur Mittagszeit gelesen wird. Objektiv ist jedoch das Schwarz zur Mittagszeit ca. 3 mal so hell wie das Weiß am Morgen.

Modifikation des Weber'schen Gesetzes

Berücksichtigt man die in der obigen Abbildung veranschaulichten beobachteten Daten, dann scheint die relative Sensitivität nicht konstant zu sein, sondern zunächst mit steigender Reizgröße zuzunehmen, um dann wieder abzunehmen. Das Weber'sche Gesetz kann in diesem Sinne derart modifiziert werden (GUILFORD, 1932).

$$\frac{\Delta s}{s^n} = k$$

Wobei GUILFORD vermutet, daß das n zwischen 1 und 0,5 liegt. Da das n nicht von vornherein feststeht, sondern empirisch zu bestimmen ist, kommt dieser Formel die Bezeichnung "Gesetz" nicht mehr zu. ROHRACHER (1953, S. 233) vermutete, daß die relative Sensitivität für bestimmte Reize eine Funktion der Häufigkeit ist, mit welcher diese Reize auftreten. Je häufiger gewisse Reize auftreten, desto größer wird die Sensitivität für diese.

Rechenbeispiel:

Angewandte Methode: Herstellungsmethode

Die Vp legt mit verbundenen Augen eine Hand auf ein Gerät, mit welchem vom Vl eine bestimmte Streckenlänge (Standardreiz) zurückgelegt wird. Die Aufgabe der Vp besteht darin, exakt diese Streckenlänge ohne Hilfe des Vl nochmals nachzufahren. Insgesamt werden drei unterschiedliche Standardreize vorgegeben, und pro Standardreiz erfolgen fünf Durchgänge.

Ergebnis:

							PSE
Standardreiz:	40cm	39	41	38,5	41	40,5	40,0
	80cm	82	78	83	78,5	82	80,7
	120cm	117,5	123	125	116	119	120,1

Abs. US. = Mittlere Variation:

$$\frac{1 + 1 + 1,5 + 1 + 0,5}{5} = 0,98$$

$$\frac{1,3 + 2,7 + 2,3 + 2,2 + 1,3}{5} = 1,96$$

$$\frac{2,6 + 2,9 + 4,9 + 4,1 + 1,1}{5} = 3,12$$

Rel. US. in Prozent:

$0,98/40 \cdot 100 = 2,45$
$1,96/80 \cdot 100 = 2,45$
$3,12/120 \cdot 100 = 2,6$

Das Ergebnis zeigt, daß die abs. US. mit zunehmender Reizgröße ansteigt, die rel. US. jedoch mit ungefähr 2,5 konstant bleibt. D.h. erst eine zusätzliche Streckenlänge von 2,5% des Standardreizes nach oben bzw. nach unten wird als eine von der Standardstrecke unterschiedliche Länge empfunden.

G PSYCHOPHYSISCHE GESETZE

(Der Reiz-Reaktions-Zusammenhang wird mathematisch formuliert.)

I. FECHNER'SCHES GESETZ (PSYCHOPHYSISCHES GRUNDGESETZ)

Das Fechner'sche Gesetz lautet:

$$R = f(S) = k \log \frac{S}{S_0}$$

R........ Empfindungsstärke
S......... Reizstärke
S_0....... absolute Reizschwelle
k......... Proportionalitätskonstante, abhängig von der verwendeten Maßeinheit

Wächst die Reizstärke geometrisch, nimmt die Empfindungsstärke arithmetisch zu. Daraus ergibt sich auch, daß

$R_j - R_i = R_k - R_j$, wenn $S_j / S_i = S_k / S_j$

Gleichen Differenzen am subjektiven Kontinuum entsprechen gleiche Quotienten am Reizkontinuum.

FECHNER kam zu diesem Gesetz, indem er von zwei Annahmen ausging:

- Das Weber'sche Gesetz gilt.
- Eben merkliche Empfindungszuwächse sind entlang der subjektiven Skala gleich groß.

Die zweite unbeweisbare Annahme impliziert, daß die zweite Empfindung doppelt so stark ist wie die erste, die vierte viermal so stark, usw. Sie impliziert weiters, daß die Differenz zwischen zwei Empfindungsstärken R_1

und R_2 - ausgelöst von S_1 und S_2 - den aufsummierten, zwischen R_1 und R_2 liegenden eben merklichen Empfindungsunterschieden entspricht.

Der Weg von den beiden Annahmen zum Gesetz:

$\Delta R = c(\Delta S/S)$ (Fundamentalformel)

c...... Proportionalitätskonstante
ΔR... eben merklicher Empfindungszuwachs

$dR = c(dS/S)$,	da ΔR und ΔS kleinste Veränderungen oder Differentiale sind
$\int dR = c\int (1/S)dS$,	durch Integralbildung
$R = c\ln S + k$,	durch Integration k...... Integrationskonstante
$k = -c\ln S_0$,	wenn $R = 0$, denn daraus folgt: $S = S_0$ S_0 = absolute Reizschwelle
$R = c\ln S - c\ln S_0$,	durch Ersetzen von k mit obiger Formel

$R = c\ln(S/S_0)$

$R = k\log(S/S_0)$ (= Maßformel), durch Übergang auf den dekadischen Logarithmus

Nach FECHNER kann mit der Fundamentalformel der Intensitätsunterschied zweier Empfindungen, mit der Maßformel die Intensität einer Empfindung gemessen werden. Empfindungen wurden somit erstmals auf einer Skala abbildbar, wobei der Nullpunkt der Skala die absolute Reizschwelle, die Einheit, der eben merkliche Empfindungsunterschied ist, und die Einheiten äquidistant sind.

Es stellt sich noch die Frage, auf welcher Ebene die logarithmische Transformation erfolgt. Dazu gibt es diverse Theorien:

- Physiologische Theorie: Die Nervenerregung steht in logarithmischer Abhängigkeit zum Reiz.

$A = f(\log S)$
A..... Aktivierung, Nervenerregung

- Psychophysische Theorie: Die Empfindung steht in logarithmischer Abhängigkeit zur Nervenerregung.

$E = f(\log A)$
E..... Empfindung

- Psychologische Theorie: Die Reaktion steht in logarithmischer Abhängigkeit zur Empfindung.

$R = f(\log E)$
R..... Reaktion

Anmerkung: Diese Überlegungen sind analog für das Potenzgesetz (siehe unten) anzustellen.

II. POTENZGESETZ

Das Potenzgesetz lautet:

$$R = c\,(S-S_0)^n$$

$R = S^n$ (in vereinfachter Form)

S_0.... absolute Reizschwelle
c...... Proportionalitätskonstante
n...... je nach Sinnesmodalität variierender Exponent

Diese Funktion impliziert, - im Gegensatz zu FECHNER - daß gleichen Quotienten am subjektiven Empfindungskontinuum gleiche Quotienten am Reizkontinuum entsprechen.

$R_j / R_i = R_k / R_j$, wenn $S_j / S_i = S_k / S_j$

Dieses psychophysische Gesetz wurde nicht - wie bei FECHNER - aus theoretischen Voraussetzungen abgeleitet, sondern auf empirischem Weg von PLATEAU (1872) gewonnen. FECHNER wies diese Potenzfunktion zurück, sie konnte erst von STEVENS aufgrund zahlreicher Untersuchungen und Veröffentlichungen etabliert werden. Entscheidend für das Auffinden dieser Gesetzmäßigkeit war das Entwickeln der direkten Skalierungsmethoden. Der Anwendung der direkten Skalierungsmethoden liegt allerdings auch eine Grundannahme zugrunde, und zwar diejenige: Der Mensch ist befähigt, direkt Verhältnisse zwischen Stimuli zu beurteilen, er kann direkt eine Verhältnisaussage über psychische Größen machen. PLATEAU und STEVENS unterschieden sich in diesem Punkt insofern, daß PLATEAU zwar meinte, der Mensch könne die subjektiven Empfindungen in Quotienten ausdrücken, während STEVENS darüber hinaus noch zusätzlich der Auffassung ist, daß der Mensch zwischen zwei Unterschiedsbegriffen zu unterscheiden vermag - den Differenzen und den Quotienten. Das ist auch der Grund, warum er den - aufgrund auf Verhältnisurteilen basierenden direkten Skalierungsmethoden zustandegekommenen - Skalen Verhältnisskaleneigenschaft zuschreibt.

Je nach Exponent erhält man unterschiedliche psychophysische Funktionen. Ist $n<1$, wächst die Empfindungsstärke langsamer als die Reizstärke (dies ist auch beim Fechner'schen Gesetz der Fall). Schwache Reize werden differenzierter wahrgenommen als starke Reize. Bei Fernsinnen, die es oft mit schwachen Reizen zu tun haben, ist daher gewöhnlich ein Exponent $n<1$ zu finden.
Beispiel: Helligkeit

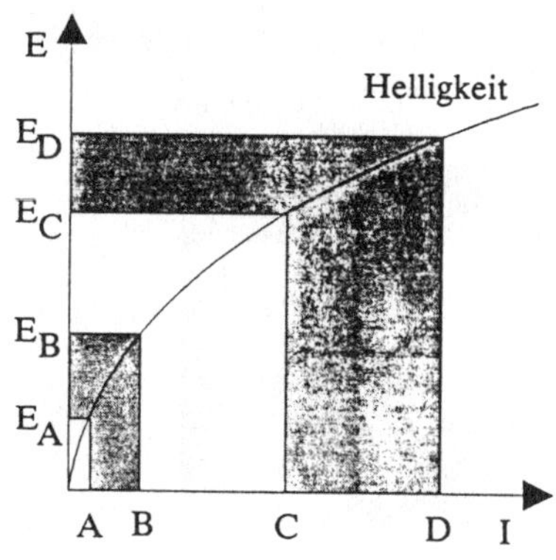

Abb. 16

E .. Empfindungsstärke
I ... Reizintensität

Ist $n=1$, wächst die Empfindungsstärke gleich schnell wie die Reizstärke (das entspricht einer Abweichung vom Fechner'schen Gesetz)

Beispiel: Längenempfindung von Linien

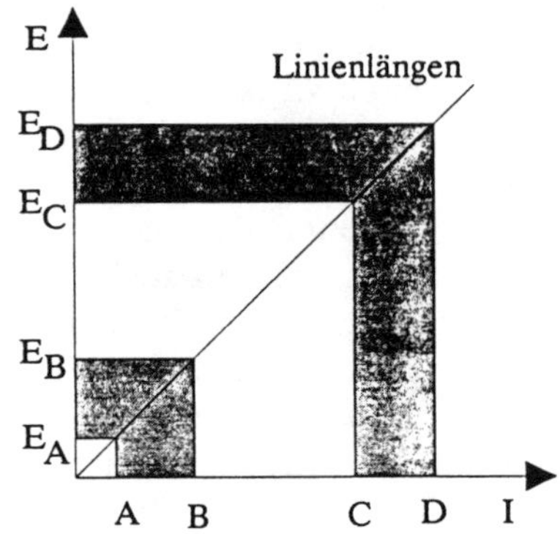

Abb. 17

Ist n>1, wächst die Empfindungsstärke rascher als die Reizstärke (das enspricht einer Umkehrung des Fechner'schen Gesetzes). Starke Reize werden differenzierter wahrgenommen als schwache Reize. Bei Nahsinnen, die es oft mit starken Reizen zu tun haben, ist daher gewöhnlich ein Exponent n>1 zu finden.
Beispiel: Schmerzempfindung

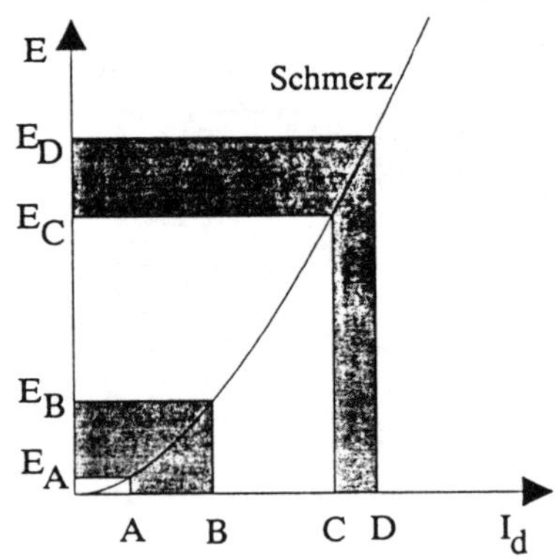

Abb. 18

Einige empirisch ermittelte Exponenten für verschiedene Sinnesgebiete:

Kontinuum	*Gemessener Exponent*	*Verhältnisquotient*	*Art des Reizes*
Lautstärke	0.67	2/3	3000-Hertz-Ton
Helligkeit	0.33	1/3	5° Lichtpunkt in Dunkelheit
Helligkeit	0.5	1/2	sehr kurzer Lichtblitz
Geruch	0.6	2/3	Heptan
Geschmack	1.3	3/2	Sucrose
Geschmack	1.4	3/2	Salz
Temperatur	1.0	1	Kältereiz am Arm
Temperatur	1.5	3/2	Wärmereiz am Arm
Vibration	0.95	1	60 Hertz am Finger
Vibration	0.6	2/3	250 Hertz am Finger
Zeitdauer	1.1	1	Geräuschreize
Fingerspanne	1.3	3/2	Dicke von Klötzen
Druck auf Handfläche	1.1	1	statischer Druck auf Haut
Gewicht	1.45	3/2	Heben von Gewichten
Kraft des Händedrucks	1.7	5/3	Hand-Dynamometer
Elektrischer Schlag	3.5	3	Strom durch die Finger
Taktile Rauheit	1.5	3/2	Befühlen von Schmirgelpapier
taktile Härte	0.8	4/5	Drücken eines Radiergummis
visuelle Länge	1.0	1	projizierte Linie
visueller Flächeninhalt	0.7	2/3	projiziertes Quadrat

Abb. 19

Daß die Fernsinne bzw. Nahsinne besonders darauf ausgerichtet sind, schwache bzw. starke Reize genau wahrzunehmen, spricht für die bereits erwähnte Vermutung von ROHRACHER, daß die relative Sensitivität für bestimmte Reize eine Funktion der Häufigkeit der Reize ist, mit welcher sie auftreten.

Psychologische Bedeutung der Potenzfunktion

Entsprechen gleichen Intensitätsverhältnissen immer gleiche Empfindungsintensitäten, dann kann davon ausgegangen werden, daß die Empfindungsverhältnisse unter verschiedenen Bedingungen konstant bleiben.
Beispiel: Erscheint einem ein Ton fünfmal so laut wie ein zweiter, dann ändert sich nichts daran, ob man sich nun die Töne von einer weiten oder geringen Entfernung anhört.

H FECHNER VERSUS STEVENS

I. KRITIK AN FECHNER

FECHNER ging von einer letztlich unüberprüfbaren Annahme - der Konstanz der eben merklichen Unterschiede - aus.

II. KRITIK AN STEVENS

1. Kritik an der von STEVENS behaupteten Verhältnisskaleneigenschaft der mittels Größen- und Verhältnisverfahren ermittelten Empfindungsskalen

Voraussetzung für das Erhalten einer Verhältnisskala wäre die Existenz zweier subjektiv unterscheidbarer Unterschiedsbegriffe - der Differenz und des Quotienten -, die mittels reeller Zahlen abbildbar sein müßten.

Erstens ist die erlebbare Existenz dieser beiden Unterschiedsbegriffe nicht evident (sind sie nicht nur dem Zahlensystem entlehnt ?),
zweitens ist es ungeklärt, ob bei Existenz obiger Begriffe sie auch auf reelle Zahlen abbildbar sind (geht der Mensch mit Zahlen um wie ein Mathematiker ?),
drittens geht die Existenz der Unterschiedsbegriffe - Differenz und Quotient - bei den Größen- und Verhältnisverfahren gar nicht hervor,
viertens ist die Zuordnung von Skalenwerten sowohl von der Bereichsbreite der benutzten Stimuli, als auch vom willkürlich gewählten Standardreiz abhängig (erklärbar mit der Adaptationsniveautheorie von HELSON, siehe unten).

2. Kritik am Versuch STEVENS', die Richtigkeit seiner Potenzfunktion mittels cross-modality-matching-Experimenten zu beweisen

STEVENS meinte, er könne den Beweis erbringen, indem er den intermodalen Zusammenhang - bei Kenntnis zweier Potenzfunktionen unterschiedlicher Sinnesmodalitäten - vorauszusagen vermag. Es gelang ihm auch bei einigen Untersuchungen. Da bei der cross-modalen Skalierung der Umgang mit den Zahlen wegfällt, wollte STEVENS damit dementieren, daß seine Skalen bloß Resultate der individuellen Eigenheiten, mit Zahlen umzugehen, darstellen. Aber diese cross-modality-matching-Experimente sprechen höchstens für die Hypothese, daß alle Sinnessysteme nach einem grundlegenden

Prinzip arbeiten. Sie vermögen jedoch nicht, gegen eine eventuelle Gültigkeit eines logarithmischen Gesetzes zu sprechen.

3. EKMANS Überlegung zur Stimulation durch Zahlen

Hat FECHNER sozusagen "doppelt" recht und besteht nicht nur bei physikalischen Reizen ein logarithmischer Zusammenhang zu den Empfindungsstärken, sondern auch bei Zahlen als Reize, dann käme man über eine mathematische Ableitung zu einer Potenzfunktion. Das hieße, daß der Mensch mit Zahlen nicht umzugehen vermag wie ein Mathematiker.

$R_S = \alpha + \beta \log S$ S...physikalischer Reiz
$R_Z = \gamma + \delta \log Z$ Z...Zahl als Reiz
$R_S = R_Z$
$0 = \alpha - \gamma + \beta \log S - \delta \log Z$
$\delta \log Z = \alpha - \gamma + \beta \log S$, wenn $1/\delta\ (\alpha-\gamma) = x$ und wenn $1/\delta\ (\beta) = n$ ->
$\log Z = x + n \log S$
$Z = k\ S^n$

III. ARGUMENT FÜR FECHNER

Im Bereich der Rezeptoren ist eine logarithmische Abhängigkeit zwischen der einwirkenden Reizintensität und Frequenz der ausgelösten Impulse zu beobachten (KLIX, 1976).

IV. ARGUMENTE FÜR STEVENS

1. Bei kortikalen Ableitungen langsamer Rindenpotentiale scheint die Annahme einer Potenzfunktion zwischen Reiz und Reaktion angemessen.

2. Experimente mit der Methode der mittleren Abstufung, bei welcher die Vp einen Reiz S_3 herstellen soll, der subjektiv in der Mitte zweier gegebener Reize S_1 und S_2 liegt, führen zu folgendem Ergebnis: Der hergestellte Reiz S_3 ist objektiv größer als das geometrische Mittel der beiden Reize S_1 und S_2. Würde das Fechner'sche Gesetz gelten, dann müßte S_3 gleich dem geometrischen Mittel von S_1 und S_2 sein, stimmt hingegen das Potenzgesetz, dann stimmt die Erwartung mit den beobachteten Ergebnissen überein.

$$R_3 = \frac{(R_1+R_2)}{2} = \frac{(c\ln S_1+a+c\ln S_2+a)}{2} = \frac{(c\ln S_1+c\ln S_2)}{2} + a \;\; = c \cdot \ln \sqrt{S_1S_2+a}$$

$$R_1 = cS_1^{\alpha} \quad R_2 = cS_2^{\alpha}$$

$$\frac{(R_1+R_2)}{2} = cS_3^{\alpha}$$

$$S_3 = [1/2\,(S_1^{\alpha} + S_2^{\alpha})]^{1/\alpha} \;>\; \sqrt{S_1S_2}$$

V. TORGERSONS ÜBERLEGUNGEN

FECHNER bildete die erlebten Unterschiede als Differenzen mit reellen Zahlen ab, STEVENS hingegen dieselben Unterschiede als Quotienten. Das würde bedeuten, daß der Mensch nur eine einzige Art von Unterschied erleben kann und daher gar nicht zwischen einem erlebten Unterschied als Differenz oder Quotienten zu unterscheiden vermag.

I SIGNAL DETECTION THEORY (SDT)

Sollen Versuchsergebnisse über sensorische Leistungen sinnvoll interpretiert werden, ist zwischen sensorischen und nicht sensorischen Faktoren beim Zustandekommmen dieser Leistungen zu unterscheiden. Warum das wichtig ist, soll das folgende *Beispiel* erläutern:

Eine Vp hat die Aufgabe, ja zu sagen, wenn sie meint, ein akustisches Signal wahrzunehmen. Es folgen 100 Darbietungen, 50 mit und 50 ohne Signalen. Eine risikofreudige Vp A sagt 60 mal ja, davon waren 45 richtige und 15 falsche Urteile. Eine vorsichtige Vp B sagt 40 mal ja, davon waren 38 richtige und 2 falsche Urteile. Welche Vp hört besser? Um diese Frage beantworten zu können, muß der sensorische Faktor - die Leistungsfähigkeit - getrennt von dem nicht-sensorischen Faktor - der Reaktionsneigung - berechnet werden.

Die SDT, deren formales Modell aus der Anwendung der mathematischen Entdeckungstheorie auf Radarentdeckungsprobleme entstand, vermag diese Unterscheidung vorzunehmen. Denn infolge der Anwendung der SDT kann aus den Versuchsergebnissen ein Parameter für die Leistungsfähigkeit (d') und ein Parameter für die Reaktionsneigung (ß) bestimmt werden. Der

Weg zu den Versuchsergebnissen ist abhängig vom jeweiligen Versuchstyp. Als solcher kann gewählt werden:

1. Das ja-nein-Experiment
2. Das Rating-Experiment
3. Das 2-AFC-Experiment (two alternative forced choice)

ad 1) ja-nein-Experiment

Das ja-nein-Experiment wurde vor allem für Wahrnehmungsversuche auf dem akustischem Gebiet eingesetzt: Der Vp wird in zufälliger Reihenfolge mal ein deutliches weißes Rauschen, mal dieses Rauschen mit einem schwachen Sinuston (Signal) vorgegeben. Die Vp soll nach jedem Beobachtungsintervall angeben, ob ein Signal gegeben war oder nicht. Folgende Reiz-Reaktionsmatrix läßt sich erstellen:

REAKTIONEN

		nein	**ja**
REIZE	SN	Verpasser (nein / SN)	Treffer (ja / SN)
	N	Korrekte Zurückweisung (nein / N)	Falscher Alarm (Ja / N)

Abb. 20

SN...... signal plus noise (Sinuston)
N .... noice (weißes Rauschen)

Aus der Berechnung der Proportionen für die einzelnen vier Ereignisse wird ersichtlich, daß sich jeweils zwei davon komplementär zueinander verhalten, nämlich:

Prop(T) = 1 - Prop(V),

$$\text{da Prop(T)} = \frac{\text{Anzahl der T}}{\text{Anzahl der SN}}$$

$$\text{und Prop(V)} = \frac{\text{Anzahl der V}}{\text{Anzahl der SN}}.$$

$Prop(fA) = 1 - Prop(kZ)$,

$$\text{da } Prop(fA) = \frac{\text{Anzahl der (fA)}}{\text{Anzahl der N}}$$

$$\text{und } Prop(kZ) = \frac{\text{Anzahl der (kZ)}}{\text{Anzahl der N}}.$$

Aufgrund reiner Konvention werden nur die Ereignisse "Treffer" und "falscher Alarm" für die Berechnung diverser Parameter herangezogen.

ad 2) Rating-Experiment

Das Rating-Experiment zeichnet sich im Vergleich zum ja-nein-Experiment dadurch aus, daß die Vp ein Konfidenzurteil abgibt und keine einfache ja-nein-Entscheidung. Das Konfidenzurteil drückt den Grad der subjektiven Wahrscheinlichkeit für das Vorhandensein eines Signals aus, wobei der Vp Konfidenzkategorien zur Beurteilung zur Verfügung stehen.
Beispiel: Konfidenzkategorien von 1 bis 4
1... geringste subjektive Wahrscheinlichkeit dafür, daß ein SN vorgegeben wurde
4... höchste subjektive Wahrscheinlichkeit dafür, daß ein SN vorgegeben wurde

ad 3) Das 2-AFC-Experiment (two alternative forced choice)

Beim 2-AFC Experiment werden im Gegensatz zum ja-nein-Experiment und Rating-Experiment nicht nur ein Beobachtungsintervall , sondern zwei gleichzeitig zur Beurteilung vorgegeben. Nur eines davon enthält ein SN, das wird nach dem Zufallsprinzip entschieden. Die Vp soll jenes Intervall benennen, welches ihrer Empfindung nach das SN aufwies. Dieses Urteil kann wie bei 1. ein binäres oder wie bei 2. ein Konfidenzurteil sein.

Bis zum Ende dieses Kapitels (Seite 77) bezieht sich alles weitere auf das ja-nein-Experiment.

I. DIE PARAMETER d' UND ß

Nach der Durchführung eines ja-nein-Experimentes sind die Parameter d' und ß aus den erhaltenen Häufigkeiten "Treffer" und "falscher Alarm" zu berechnen. d' sagt etwas über den Leistungsaspekt aus und ß über die Reaktionsneigung (das Antwortverhalten). Annahmen:

- Normalverteilung (NV): Die Verteilungsfunktionen der vom Signal und vom Rauschen ausgelösten Empfindungsstärken sind normalverteilt.
- Gleichheit der Varianzen dieser beiden NV.

Bevor auf die Berechnung von d' und ß näher eingegangen wird, soll folgende graphische Darstellung das Verständnis für die weiteren Schritte erleichtern.

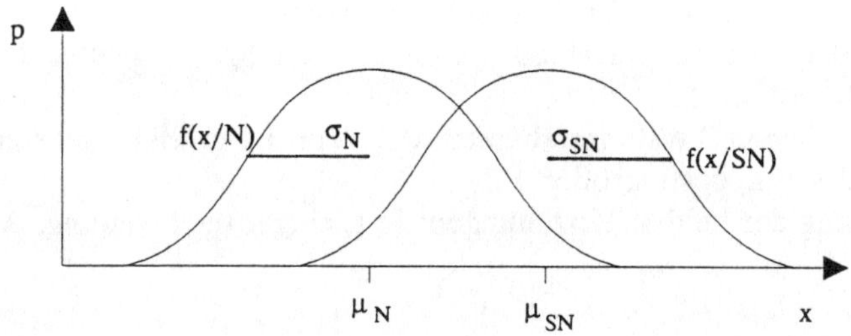

Abb. 21

μ_{SN} .... mittlere Empfindungsstärke, die vom wiederholt dargebotenen SN ausgelöst wird

μ_N .... mittlere Empfindungsstärke, die vom wiederholt dargebotenen N ausgelöst wird

f(x/SN) ...... Verteilungsfunktion um SN; sie zeigt, wie die Empfindungsstärken bei wiederholter Darbietung des SN streuen

f(x/N) .... Verteilungsfunktion um N; sie zeigt, wie die Empfindungsstärken bei wiederholter Darbietung des N streuen

σ_{SN} .... Standardabweichung der Verteilungsfunktion f(x/SN)

σ_N .... Standardabweichung der Verteilungsfunktion f(x/N)

p.................. die Ordinate gibt die Wahrscheinlichkeiten für das Auftreten einer bestimmten Empfindungsstärke unter der Bedingung SN bzw. N an

x.................. sensorisches Kontinuum

1. Zu d'

$$d' = (\mu_{SN} - \mu_N)/\sigma_N$$

Je geringer d', desto stärker die Überlappung der beiden Verteilungsfunktionen, desto geringer die Unterscheidbarkeit zwischen N und SN.
Wenn d' = 0, kann zwischen N und SN überhaupt nicht unterschieden werden; die Vp kann nur raten.
Wenn d' = ∞, kann zwischen N und SN absolut unterschieden werden; die Vp wird fehlerfrei urteilen.

Abhängigkeit des Parameters d'

Der Diskriminationsindex d' ist abhängig von:
- dem physikalischen Unterschied zwischen N und SN; Je größer der Unterschied, desto größer d'.
- der sensorischen Leistungsfähigkeit der Vp; Je größer die sensorische Leistungsfähigkeit, desto größer d'.
- der Streuung der beiden Verteilungen; Je geringer die Streuung, desto größer d'.

2. Zu x_c UND ß

x_c = Kriteriumspunkt (cut-off point)

Alle Empfindungsstärken, die rechts von x_c liegen, bewirken eine ja-Antwort, alle Empfindungsstärken, die links von x_c liegen, eine nein-Antwort. Die Wahrscheinlichkeit der Treffer wird daher von der Fläche rechts von x_c unter der f(x/SN) und die der falschen Alarme unter der f(x/N) repräsentiert.

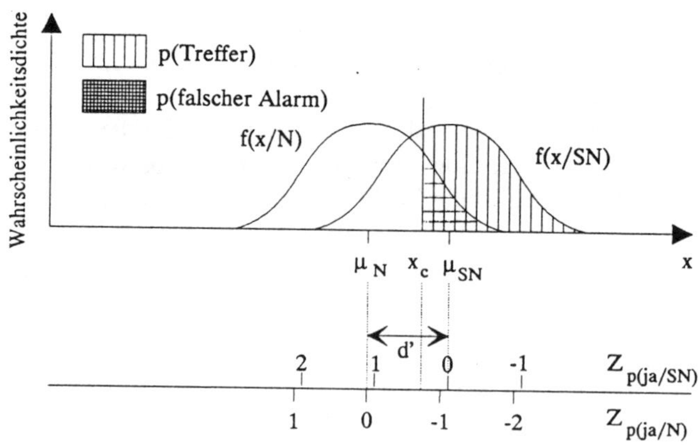

Abb. 22

$$ß = \frac{f(x/SN)}{f(x/N)} = \text{Index für die Reaktionsneigung}$$

f(x/SN) .... Funktionswert (Ordinatenwert) der f(x/SN) am x_c
f(x/N) .... Funktionswert (Ordinatenwert) der f(x/N) am x_c

Das bedeutet:
Wenn ß = 1, dann befindet sich der x_c genau in der Höhe des Schnittpunktes der beiden Verteilungsfunktionen.
Wenn ß < 1, dann liegt der x_c links von diesem Schnittpunkt. (x_c = laxes Kriterium)
Wenn ß > 1, dann liegt der xc rechts vom Schnittpunkt. (x_c = striktes Kriterium)

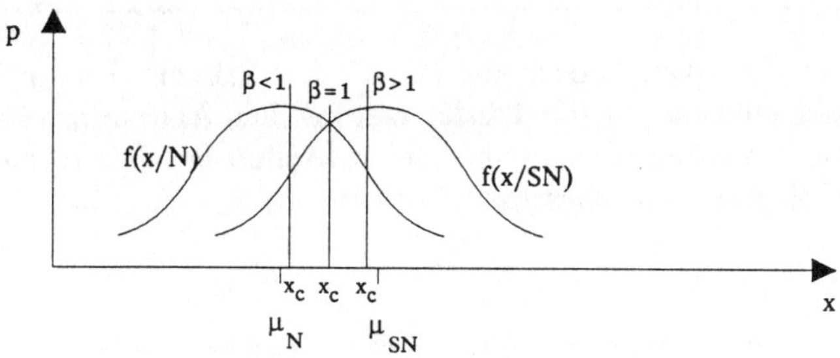

Abb. 23

Abhängigkeit des Kriteriums x_c und Parameters ß

Der x_c und darüber hinaus der Reaktionsneigungsindex ß sind abhängig von:
- den a-priori-Wahrscheinlichkeiten: p(SN), p(N); Je größer die Auftrittswahrscheinlichkeit von SN ist, desto kleiner wird ß, da der x_c weiter nach links verschoben wird und vice versa.
- dem Ausmaß an Nutzen für die Treffer und korrekten Zurückweisungen und dem Ausmaß an Kosten für die falschen Alarme und Verpasser.
- der Art des Antwortverhaltens der Vp; Je risikofreudiger das Antwortverhalten, desto kleiner ß, da der x_c nach links verschoben wird. Für vorsichtiges Verhalten gilt dasselbe umgekehrt. Neutrales Antwortverhalten hat ein ß = 1 zur Folge, da der x_c genau unter dem Schnittpunkt der beiden Verteilungen zu liegen kommen wird.

Aus den beiden zuerst angeführten Bedingungen läßt sich eine optimale Reaktionsneigung formalisieren:

$$ß_{op} = \frac{(Nutzen_{kz} - Kosten_{v})}{(Nutzen_{T} - Kosten_{fA})} \frac{p(N)}{p(SN)}$$

3. Berechnung von d' und ß

Annahme: Normalverteilung von f(x/SN) und f(x/N), gleiche Varianzen der beiden Verteilungen

a) Berechnung von d'

$$d' = z_{(ja/SN)} - z_{(ja/N)}$$

Den Ausgangspunkt bilden die empirisch erhaltenen Proportionen oder Wahrscheinlichkeiten für die Treffer und falschen Alarme pro Vp. Mithilfe der z-Tabelle werden diese Wahrscheinlichkeiten in z-Werte umgewandelt und in die obige Formel eingesetzt.

b) Berechnung von ß

$$ß = \frac{Yp(ja/SN)}{Yp(ja/N)}$$

Mithilfe der Tabelle 1 (siehe Anhang) werden diese Wahrscheinlichkeiten in y-Werte (Ordinatenwerte der Standardnormalverteilung) umgewandelt und in die obige Formel eingesetzt.

ROC-Kurven (receiver operating characteristic curve)

Zur Überprüfung der Annahmen, daß beide Verteilungen normalverteilt sind und gleiche Varianzen aufweisen, werden ROC-Kurven erstellt. Die ROC-Kurve wird pro Vp erstellt, indem der Kriteriumspunkt x_c in verschiedenen Versuchsdurchgängen verschoben wird. Eine Verschiebung des x_c gelingt durch eine Änderung

- der Auftretenswahrscheinlichkeiten von N und SN
- des Kosten- und Nutzenverhältnisses
- der Instruktion

Beispiel:
Erster Durchgang: "Seien Sie besonders wachsam und bemühen Sie sich, kein Signal zu überhören!" (x_c wird nach links verschoben, ß < 1)
Zweiter Durchgang: "Melden Sie nur dann ein Signal, wenn Sie sich dessen absolut sicher sind!" (x_c wird nach rechts verschoben, ß > 1)

Jeder Durchgang ergibt einen Punkt für die ROC-Kurve, indem pro Durchgang die Proportion der Treffer, P(ja/SN), auf der Ordinate und die Proportionen der falschen Alarme, P(ja/N), auf der Abszisse abgetragen werden.

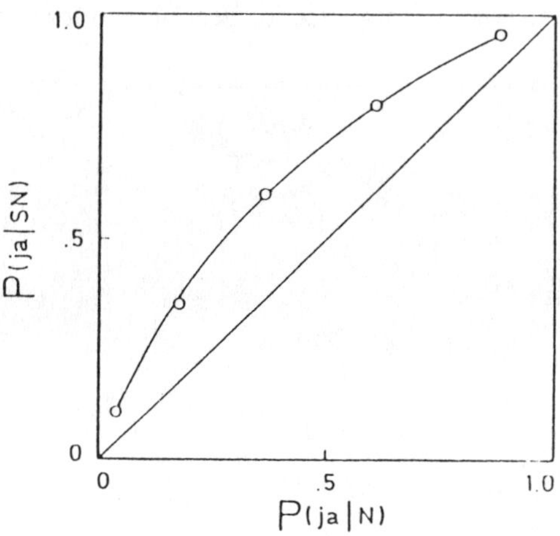

Abb. 24

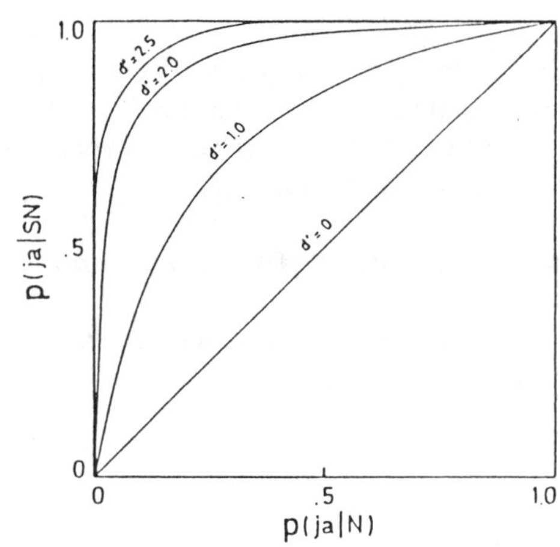

Abb. 25

Die Diskriminationsfähigkeit zeigt sich in der Nähe der ROC-Kurve zur Zufallslinie (=Diagonale). Je näher, desto geringer ist die Diskriminationsfähigkeit, je mehr sie sich dem oberen linken Eck nähert, desto größer wird sie. Die Reaktionsneigung zeigt sich in den einzelnen Punkten, anhand derer die ROC-Kurve erstellt wurde. Die Punkte in der linken unteren Ecke repräsentieren ein striktes Kriterium und daher ein ß > 1, die Punkte in der rechten oberen Ecke hingegen ein laxes Kriterium und daher ein ß < 1.

Zur besseren Überprüfung der Annahmen werden die empirisch erhaltenen Proportionen für Treffer und falsche Alarme in z-Werte der Standardnormalverteilung umgewandelt und wieder gegeneinander abgetragen.

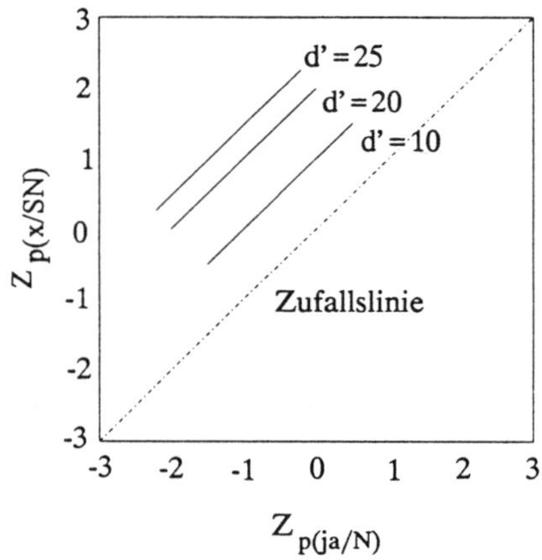

Abb. 26

Die Annahme der Normalverteilung beider Verteilungen kann dann gemacht werden, wenn die empirisch ermittelten Punkte auf einer Geraden liegen. Die Annahme der Gleichheit der Varianzen kann dann gemacht werden, wenn der Anstieg der Geraden 1 ist.

Graphische Bestimmung von d' bei ungleichen Varianzen

$d' = 2\, z_{p(ja/SN)}$-Wert in der Höhe des Schnittpunktes der ROC-Kurve mit der negativen Diagonale (= Diagonale von der oberen linken zur unteren rechten Ecke).

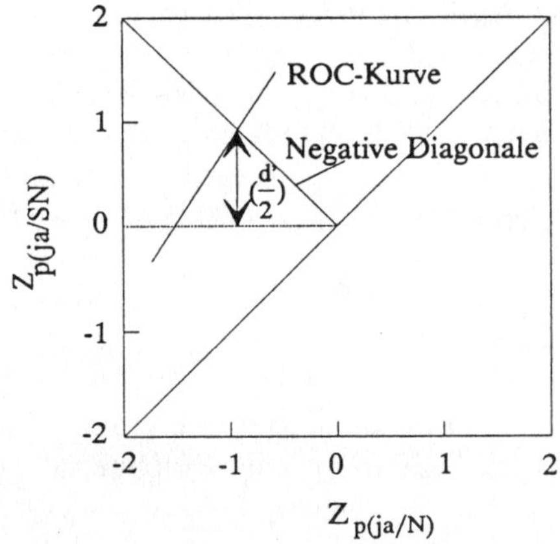

Abb. 27

Berechnung von ß bei ungleichen Varianzen

$$ß = \frac{y_{SN}}{y_N} \; \frac{\sigma_N}{\sigma_{SN}}$$

Berechnung von d' bei nicht gegebener Normalverteilung

d' wird zu einem nicht parametrischen Maß P(A). P(A) ist das Verhältnis der Fläche unter der ROC-Kurve zur Gesamtfläche des Quadrats. (Es werden die Proportionen, nicht die zugehörigen z-Werte abgetragen.) Da man davon ausgeht, daß keine Vp schlechter als der Zufall urteilen wird, wird sich P(A) zwischen 1 und 0,5 bewegen.

II. DURCHFÜHRUNG EINES SDT-EXPERIMENTS

Bei der Versuchsdurchführung müssen einige Bedingungen erfüllt werden, damit die Ergebnisse interpretierbar sind. Solche Bedingungen wären:

- die eindeutige Kennzeichnung des Beobachtungsintervalls, in welchem N oder SN vorgegeben wird.

- Zwischen den Beobachtungsintervallen muß soviel Zeit (ca. 5 sec.) eingeräumt werden, daß die Vp reagieren und sich auf das nächste Intervall konzentrieren kann.

- Die Instruktion muß die Information über die a-priori-Wahrscheinlichkeiten von N und SN beinhalten.

- Die Instruktion soll die Aufforderung, das Risikoverhalten während eines Durchganges nicht zu verändern, einschließen.

- Die Anzahl der Darbietungen soll nach GREEN & SWETS (1974) ca. 250 mal N und 250 mal SN betragen.

- Eliminierung von Störreizen

- Nach den Vorversuchen und vor dem eigentlichen Experiment soll zur Stabilisierung von Leistung und Kriterium eine Einübungsphase eingeschoben werden.

- Rückmeldung über Richtigkeit bzw. Unrichtigkeit der Reaktion in der Vor- und Einübungsphase können ebenfalls zu dieser Stabilisierung beitragen.

J KONTEXTEINFLÜSSE - KONTEXTEFFEKTE

Wie stark ein Reiz empfunden wird, hängt nicht nur von seiner Intensität ab, sondern auch von gleichzeitig anwesenden anderen Reizen und von den, diesem Reiz vorangegangenen, Reizen und somit auch von der Erfahrung. *Beispiel* für die Wirkung vorangegangener Reize: Dreischalenversuch (siehe Geschichte der Psychophysik)

Die Wirkung des Kontextes wird als Kontrasteffekt bezeichnet, dem häufigsten unter den Kontexteffekten. Allgemein ist der Kontexteffekt bzw. Bezugssystemeffekt das Produkt einer Wechselbeziehung zwischen dem experimentellen Hauptfaktor und versuchsspezifischen Einzelfaktoren (SARRIS, 1971).

Harry HELSON, ein amerikanischer Psychologe, entwickelte 1947 die Adaptationsniveautheorie, eine Bezugssystemtheorie mit einem mathematischen Modell, welches den individuellen Bezugswert - das Adaptationsniveau - quantitativ zu erfassen vermag.

Bevor auf die Adaptationsniveautheorie näher eingegangen wird, soll HELSONS Hauptversuch kurz skizziert werden: Die Vpn hatten anhand einer neunstufigen Ratingskala (von sehr, sehr leicht - bis sehr, sehr schwer) Gewichte zu beurteilen. Die Serienreize waren Gewichte von 200, 250, 300, 350 und 400 g. Die Kontrollgruppe nahm - im Gegensatz zur Versuchsgruppe - die Beurteilung ohne Vorhandensein eines Ankerreizes vor. Als Ankerreize wurden Gewichte von 100, 300 oder 900 g zeitlich vor jedem einzelnen Serienreiz geboten. Der Ankerreiz war jedoch laut Instruktion nicht als Bezugsreiz zu verwenden.

Ergebnis: Unter der Versuchsbedingung A (Ankerreiz von 100 g) wurden die Gewichte als schwerer im Vergleich zur Kontrollgruppe (ohne Ankerreiz) und unter der Versuchsbedingung B (Ankerreiz von 900 g) als leichter eingestuft. Unter der Versuchsbedingung C (Ankerreiz von 300 g; das entspricht dem arithmetischen Mittel der Serienreize) kam es zu keinen signifikanten Beurteilungsunterschieden.

Interpretation: Sowohl bei der Versuchsbedingung A als auch B erfolgte eine Verschiebung des Adaptationsniveaus infolge der beiden Ankerreize. Da bei der Bedingung C der Ankerreiz das arithmetische Mittel der Serienreize bildete, blieb eine Verschiebung des Bezugspunktes aus.

I. AL-THEORIE

Für jede Reiz- und Empfindungsart gibt es einen individuellen Bezugspunkt, das Adaptationsniveau (AL; L für "level"). Jeder empfundene Reiz wird in Beziehung gesetzt mit dem für die jeweilige Reizart bestehenden AL und danach beurteilt. Das AL ist der subjektive, gleitende Nullpunkt. Nullpunkt deshalb, weil all jene Reize, die gleich intensiv wie der AL empfunden werden, als neutral eingestuft werden. Subjektiv und gleitend, weil dieser Nullpunkt nicht konstant ist, sondern von allen vorhandenen und ehemals vorhandenen, wirksamen Reizen (daher auch von der Erfahrung) bestimmt wird.

HELSON klassifizierte die Reize in Reizgruppen mit unterschiedlicher Wichtigkeit:
- Serienreize oder fokale Reize sind die zu beurteilenden, im Zentrum der Aufmerksamkeit stehenden Reize.
- Anker- oder Hintergrundreize sind die zeitlich vor den Serienreizen gebotenen Reize. Laut Instruktion sind sie jedoch keine Bezugsreize.
- Residualreize beeinflussen zwar das AL, sind experimentell aber nicht faßbar.

Mittels des mathematischen Modells von HELSON kann das AL vorausgesagt werden.

$$AL = \bar{S}^p \, C^q \, U^r$$

AL .... Adaptationsniveau
$\bar{S}$ .... geometrisches Mittel der Serienreize
C .... Ankerreiz
U .... Residualreize
p,q,r .... für die jeweilige Reizdimension empirisch zu ermittelnde Gewichtungskonstante (p+q+r = 1)

Der Annahme folgend, daß in einem Laborexperiment die Residualreize zu vernachlässigen sind, ergibt sich diese Formel:

$AL = \bar{S}^w \, C_N^{(1-w)}$ bei Experimenten mit Ankerreizen
$AL = \bar{S}$ bei Experimenten ohne Ankerreize

C_N ..... Ankerreiz N
w .... Gewichtungskonstante

Soll das AL in der Psychophysik Berücksichtigung finden, dann müßte das psychophysiche Urteil als eine Funktion des quantitativen Verhältnisses zwischen dem Reiz und dem AL gesehen werden.

$R = S / AL$

II. ÄK-MODELL (ÄHNLICHKEITS-KLASSIFIKATIONS-MODELL)

Viktor SARRIS nahm eine umfassende Modifikation ds AL-Modells von HELSON vor. Er betont unter anderem in seiner Arbeitstheorie, daß nur dann eine Verschiebung der Wahrnehmungspunkte bei Vorreizdarbietungen (Ankerreizdarbietungen) erfolgt, wenn der Vorreiz aufgrund seiner Intensität als zur phänomenalen Klasse der Serienreize zugehörig erlebt wird. Das heißt, nur bei Vorhandensein einer bestimmten Ähnlichkeitsstruktur zwischen Vor- und Serienreizen wird der Vorreiz mitkategorisiert. Und das bewirkt eine Zuordnung der Skalenwerte zu den Serienreizen. Darauf aufbauend vermag im Gesetz zum AL-Modell das ÄK-Modell nicht nur einen monotonen, sondern einen tritonen (=dreiästigen) Kontexteffekt-Trend vorauszusagen: Das Auftreten eines Kontexteffektes im Mittelbereich und das Verschwinden desselben im oberen und unteren Extrembereich. Das Ausmaß der Ähnlichkeit zwischen Vor- und Serienreizen findet im ÄK-Modell seine Berücksichtigung im Gewichtungsfaktor g.

$$PSI = V^g S_0^{(1-g)}$$

$g = 1 / [1+(V/S_0)^n]$ wenn $g_V > S_0$
$g = 1 / [1+(S_0/V)^n]$ wenn $g_V < S_0$

PSI..... Punkt subjektiver Indifferenz = AL
V........ Vorreiz
S_0....... Kontroll-PSI-Wert, Ausgangs-PSI-Wert
g......... Gewichtungsfaktor
n......... STEVENS' Potenzgesetzkoeffizient

ad S_0) wird ohne Vorreizdarbietung empirisch bestimmt
ad g) Die Berechnung des Gewichtungsfaktors erfolgt nach einem leicht modifizierten Meßkonzept der Ähnlichkeit von EISLER und EKMANN. Es drückt die phänomenale Ähnlichkeit zwischen dem Vorreiz und den Serienreizen aus.

Aus der Formel wird ersichtlich, daß der Kontrasteffekt verschwindet, wenn
a) $V = S_0$
b) V gegen 0 geht (da PSI -> S_0)
c) V gegen unendlich geht (da g gegen 0 und damit PSI gegen S_0)

SARRIS Ansatz bedeutet, daß es innerhalb eines Sinnesgebietes nicht nur ein Bezugssystem, sondern mehrere gibt, da eine Urteilsverschiebung nur dann erfolgt, wenn Vorreiz und Serienreize als zur gleichen Klasse gehörig erlebt werden. Eine Urteilsverschiebung über Klassengrenzen hinweg erfolgt jedoch nicht.

OPTIK

A AUGE UND GEHIRN

Zum optischen Wahrnehmungssystem des Menschen gehören nicht nur die Augen, sondern auch die zugehörigen Gehirnteile. Erst im Gehirn werden die Lichtreize - die von den Augen aufgefangen werden - zu optischen Wahrnehmungen verarbeitet. Auch vollkommen intakte Augen lassen uns optisch nicht wahrnehmen, sind die zugehörigen Gehirnteile nicht funktionsfähig (Rindenblindheit).

I. AUFBAU DES AUGES

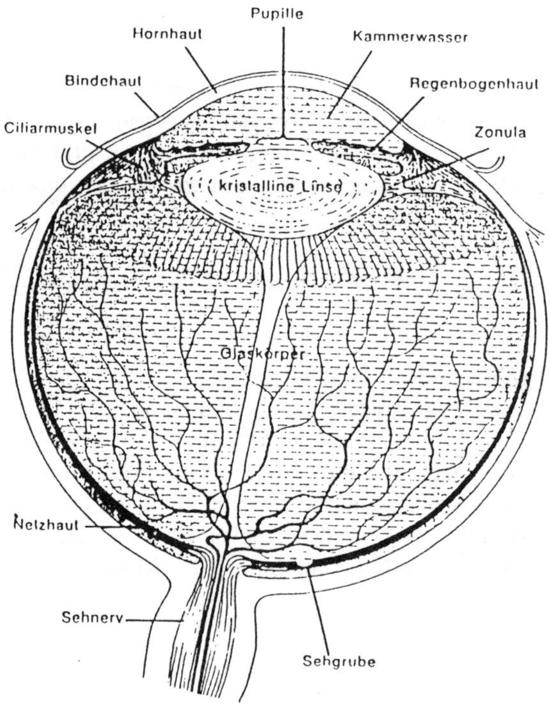

Abb. 28

Hornhaut: durchsichtig
Kammerwasser: farblos; es wird ca. alle vier Stunden erneuert; das Phänomen des "Mückensehens" kann auf Unreinheiten im Kammerwasser zurückzuführen sein.

Iris (Regenbogenhaut): ein pigmentierter Ringmuskel
Pupille: rund, Öffnung der Iris
Linse: Sie besteht aus sehr feinen Lamellen, die zwiebelschichtartig angeordnet sind und ist sehr elastisch.
Ziliarkörper (Corpus ciliare): Muskelring, der die Linse umgibt
Glaskörper: gallertartig
Netzhaut: In ihr liegen die multipolaren Ganglienzellen (die Sehnervenzellen), die bipolaren Ganglienzellen und die Rezeptoren (Stäbchen und Zapfen) hintereinander, sodaß die Rezeptorenschicht, die von der Pupille am weitesten entfernt ist und vom Licht erst durch das Passieren der anderen Schicht erreicht wird.
Netzhautgrube (fovea centralis): In ihr befinden sich nur Zapfen, keine Stäbchen. Es ist die einzige Netzhautstelle, an welcher das Licht sofort auf die Rezeptoren - bis auf eine dünne Faserschicht - trifft, ohne vorher die anderen Netzhautschichten durchqueren zu müssen. Jedem Rezeptor ist eine eigene bipolare Ganglienzelle zugeordnet. Diese physiologische Konstruktion bedingt eine optimale Sehschärfe, wenn bei heller Beleuchtung ein Bild auf die fovea centralis trifft.
Sehnerv (nervus opticus): Er wird gebildet aus den Axomen der multipolaren Ganglienzellen.
Blinder Fleck (Papille): Jene Stelle, an welcher der Sehnerv den Augapfel verläßt, in die Augenhöhle eintritt und sich in Richtung Gehirn fortsetzt. An der Austrittstelle befinden sich keine Rezeptoren.
Äußere Augenmuskel: bewegen den Augapfel

II. SEHBAHN

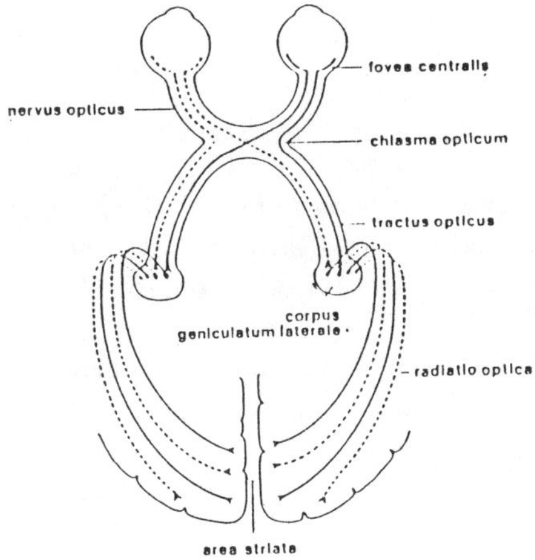

Abb. 29

Chiasma opticum (Sehnervenkreuzung): die nasalen Fasern kreuzen zur gegenseitigen Hirnhemisphäre, die temporalen Fasern hingegen nicht.
Tractus opticus: die zwei Faserstränge des nervus opticus nach der Kreuzung
Corpus geniculatum laterale (seitliche Kniehöcker): thalamische Schaltzellen
Area striata: im Hinterhauptlappen, Entstehungsort der Lichtempfindungen; Sehzentrum

Die Lichtenergie wird in den Sinneszellen in nervöse Erregung umgewandelt. Diese wird von den Rezeptoren über die bipolaren und multipolaren Ganglienzellen - der oben skizzierten Sehbahn entlang - bis zu den kortikalen Sehregionen weitergeleitet. Zieht man in Betracht, daß ungefähr 130 Millionen Rezeptoren nur ungefähr einer Million multipolarer Ganglienzellen gegenüberstehen, wird das Vorhandensein einer starken *Erregungskonvergenz* ersichtlich. Der Umwandlung der Lichtenergie in nervöse Erregung ist jedoch ein Prozeß vorgeschaltet, bei welchem die sog. *Photopigmente* in den Rezeptoren eine entscheidende Rolle spielen. Diese Photopigmente - Rhodopsin in den Stäbchen, wahrscheinlich nur eine der drei Arten von Iodopsin in den Zapfen - absorbieren die Photonen, diese geben ihre Energie ab, wodurch die Pigmente in ihre Grundbestandteile zerfallen. Dieser Prozeß erst trägt dazu bei, daß die Rezeptoren den Lichtreiz in nervöse Energie umwandeln. Die Empfindung der Helligkeit ist umso größer, je größer die Anzahl der Photonen pro Zeiteinheit, d.h., je größer die Lichtintensität ist und je mehr Sehpigment zerlegt wird. Bei heller Beleuchtung wird das Sehpigment gebleicht, wodurch die Empfindlichkeit der Rezeptoren vermindert wird. Bei Dunkelheit erfolgt eine Regeneration des Sehpigments, was einer Reaktionssteigerung der Rezeptoren gleichkommt.
Hinweis: Die Peripherie der Retina (mehr Stäbchen) ist helligkeitsempfindlicher als ihr Zentrum (mehr Zapfen).

B LICHT

Der Reiz in der optischen Wahrnehmung ist das Licht. Die Reizobjekte - jene Objekte, von denen der Reiz ausgeht - sind entweder die Lichtquellen selbst oder die Objekte, die Lichtstrahlen in unser Auge reflektieren.

Das Licht macht einen kleinen Teil des Spektrums *elektromagnetischer Strahlen* aus.

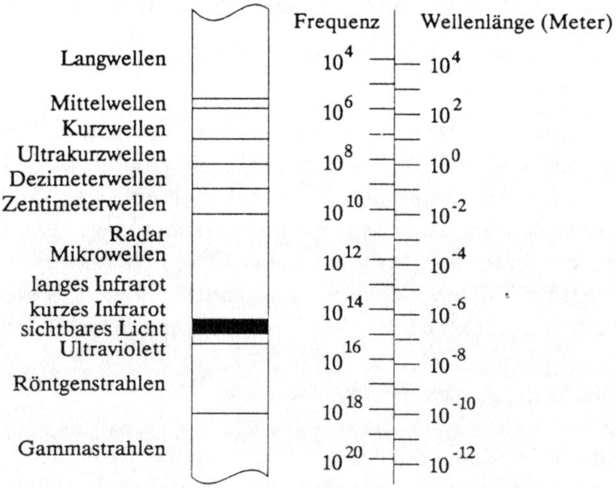

Abb. 30

Alle elektromagnetischen Strahlen bewegen sich im Vakuum mit einer Geschwindigkeit von 300.000 km/sec., sie unterscheiden sich voneinander nur in ihrer Wellenlänge (bzw. Frequenz) und damit in ihrer Wirkung.

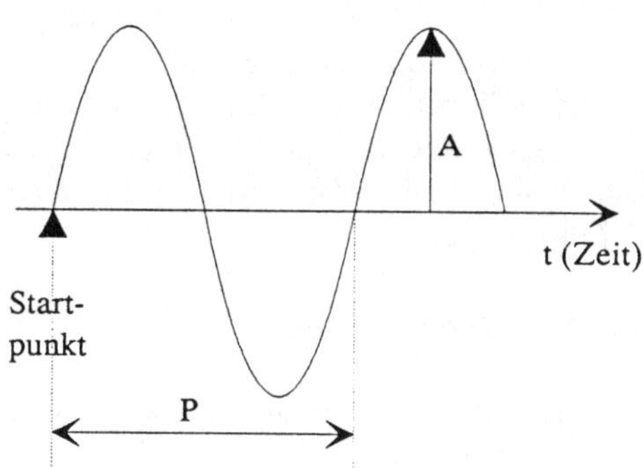

Abb. 31

P ..... Wellenlänge
A..... Amplitude

Die Frequenz ergibt sich aus der Anzahl der Wellen, die in einer Sekunde einen bestimmten Punkt passieren. Zwischen der Wellenlänge und der Frequenz besteht folgender Zusammenhang: eine Verdoppelung der Frequenz bedeutet eine Halbierung der Wellenlänge und vice versa. Die Geschwindigkeit (c) ist gleich der Wellenlänge (λ) mal der Frequenz (v).

$$c = \lambda v$$

Die elektromagnetischen Strahlen weichen voneinander zwar nur hinsichtlich unterschiedlicher Wellenlängen ab, aber damit auch in ihrer Wirkung. Radiowellen, kilometerlange Wellen, haben eine ganz andere Wirkung als Röntgenstrahlen mit einer sehr geringen Wellenlänge. Die für uns sichtbaren elektromagnetischen Strahlen - das Licht - haben eine Wellenlänge von ca. 400 mμ bis 700 mμ (400 nm bis 700 nm).
Erklärung: 1 Milimikron (1 mμ) = 10^{-7} cm; 1 Nanometer (1 nm) = 10^{-7} cm;

Hat das Licht Wellen- oder Teilchencharakter?

Während die Wellen - oder Undulationstheorie dem Licht Welleneigenschaften zuschreibt, geht die Partikel- oder Korpuskulartheorie davon aus, daß das Licht partikelartige Züge trägt. Es gibt bestimmte Phänomene (wie Interferenz und Beugung), die mit der Wellentheorie, jedoch nicht mit der Partikeltheorie erklärt werden können. Für andere Phänomene (wie "Photoelektrischer Effekt") gibt es wiederum nur Erklärungen aufgrund der Partikeltheorie. Heute geht man davon aus, daß das Licht aus Energiepaketen, den Quanten, besteht, die sowohl Wellen als auch Teilchencharakter aufweisen. Die kleinsten Energiequanten sind die Photone.

Die begrenzte Lichtgeschwindigkeit und die für den Weg vom Auge zum Gehirn benötigte Zeit bedingen eine Zeitverzögerung, d.h.: wir sehen immer die Vergangenheit. Nach GREGORY (1972) ist das Bild der Sonne acht Minuten alt und Bilder von - mit bloßem Auge gerade noch sichtbaren - Himmelskörpern gar Millionen Jahre.

Lichtbrechung oder Refraktion

Tritt das Licht in ein anderes Medium ein, wird es aufgrund der stattfindenden Geschwindigkeitsänderung gebrochen, d.h., es wechselt seine Richtung, bewegt sich aber - wie immer - geradeaus fort.

Der *Brechungsgrad* ist abhängig von
- dem Einfallswinkel des Lichtstrahls: Je größer der Einfallswinkel, desto stärker die Brechung. (Ein Strahl, der senkrecht auf das Wasser fällt, wird überhaupt nicht gebrochen.),
- der Lichtgeschwindigkeit im jeweiligen Medium: je geringer die Geschwindigkeit, desto stärker die Brechung. (Brechungskoeffizienten sind numerische Werte, die die Brechungskraft eines Stoffes angeben.) und
- der Wellenlänge (und somit Farbe) des Lichtes.

Das Spektrum

Isaac NEWTON (1643-1727) konnte zeigen, daß sich das weiße Licht aus allen Spektralfarben zusammensetzt. Er schickte in einem Raum einen weißen Lichtstrahl durch ein Prisma. Die austretenden farbigen Lichtstrahlen konnten nicht weiter zerlegt werden und ergaben, durch ein weiteres umgekehrt gehaltenes Prisma geschickt wiederum weißes Licht. Daß ein weißer Lichtstrahl - durch ein Prisma gesandt - in farbige Strahlen zerlegt wird, ist Ausdruck für die Abhängigkeit des Brechungsgrades von der Wellenlänge des Lichtes. Da die einzelnen farbigen Lichtstrahlen unterschiedliche Wellenlängen aufweisen, werden sie verschieden stark gebrochen, wodurch das weiße Licht in seine Spektralfarben aufgefächert wird. Das Entstehen eines Regenbogens ist auf den gleichen Vorgang zurückzuführen, wobei die Lichtstrahlen dabei von den Wassertropfen in die Spektralfarben zerlegt werden.

Reflexion und Absorption

Lichtstrahlen werden beim Auftreffen auf ein Objekt entweder reflektiert, absorbiert oder selektiv durchgelassen, je nach der molekularen Beschaffenheit des Objektes. Absorbierte Strahlen werden in Wärme umgewandelt. Reflektierten Strahlen liegt ein physikalisches Grundgesetz der Reflexion zugrunde, welches lautet: Einfallswinkel ist gleich Ausfallswinkel.

C SINNESZELLEN BZW. REZEPTOREN

I. DUPLIZITÄTSTHEORIE VON KRIES

Nach der Duplizitätstheorie von KRIES (1896) gibt es zwei Arten von Sinneszellen, die Stäbchen und die Zapfen. Die rund 125 Millionen *Stäbchen* sind sehr lichtempfindlich und nur bei geringer Beleuchtungsintensität aktiv. Sie dienen dem Dämmerungssehen (skotopisches Sehen), d.h., sie vermitteln nur Hell-Dunkel-Empfindungen.

Die 3 bis 6 Millionen *Zapfen* arbeiten nur bei stärkerer Beleuchtungsintensität und sprechen selektiv auf unterschiedliche Wellenlängen an. Sie dienen dem Tages-Sehen (photopisches Sehen) und Farbensehen. Mit Hilfe dieser Theorie läßt sich das Verschwinden der Farben bei Nacht erklären: Die Beleuchtungsintensität reicht nicht für eine Aktivierung der für das Farbensehen verantwortlichen Zapfen aus.

Daß die Stäbchen und Zapfen tatsächlich morphologisch und funktionell scharf voneinander getrennt werden können, wird jedoch nicht von allen Forschern vertreten (GUTTMANN, 1982).

II. DOMINATOR-MODULATOR-THEORIE VON GRANIT

Ragnor GRANIT, ein schwedischer Physiologe, vertrat 1943 folgende Theorie: Es gibt in der Netzhaut Dominator- und Modulatorsyteme. Das Dominatorsystem, bestehend aus einem skotopischen Dominator (Stäbchen) und einem photopischen Dominator (bestimmte Zapfen), reagiert bei jeder beliebigen Frequenz nur mit Helligkeitsempfindungen, während die einzelnen Modulatorsysteme (bestimmte Zapfen) nur auf bestimmte Frequenzbereiche mit Farbempfindungen reagieren.

D AKKOMMODATION UND ADAPTATION

I. AKKOMMODATION

Akkommodation ist die Veränderung der Linsenform zum Zwecke des Nah- oder Fernsehens. Die Veränderung der Linsenform bedeutet eine Änderung der Brechkraft des optischen Systems, einschließlich der der Hornhaut. Das ist deshalb von Bedeutung, da nicht die Linse, sondern die Hornhaut das erste und stärkste lichtbrechende Medium ist. Die Möglichkeit einer Abänderung der Brechkraft ist unbedingte Voraussetzung für den Wechsel vom scharfen Nah- zum scharfen Fernsehen und umgekehrt. Beim Nahsehen ist die Linse stärker gekrümmt als beim Fernsehen, da die einfallenden Strahlen stärker gebrochen werden müssen, damit das Bild des abzubildenden Objektes auf der Retina - und nicht davor oder dahinter - in einem Brennpunkt vereinigt werden kann. Die Form der Linse (flacher oder stärker gekrümmt) wird vom Corpus ciliare folgend gesteuert:

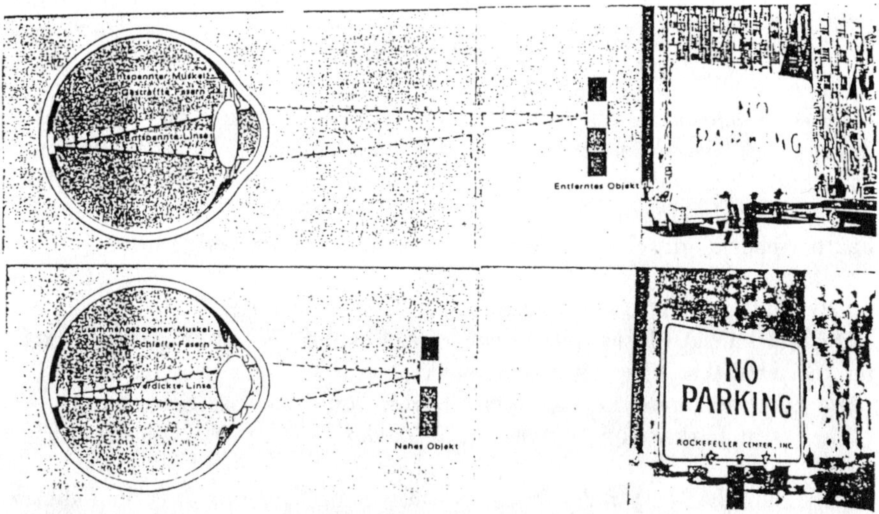

Abb. 32

Kontraktion der Muskeln des Corpus ciliare -> schlaffe Fasern -> stärkere Krümmung -> Nahsehen möglich -> Fernsehen unmöglich -> scharfer Vordergrund mit unscharfem Hintergrund;

Entspannte Muskeln des Corpus ciliare -> gestraffte Fasern -> flache Linse -> Fernsehen möglich -> Nahsehen unmöglich -> scharfer Hintergrund mit unscharfem Vordergrund;

Die Akkommodation erfolgt blitzschnell und beginnt beim Nahpunkt (ca. 5 cm), jenem Ort, bei welchem man gerade noch scharfsehen kann.

II. ADAPTATION

Adaptation ist die Anpassung des Auges an die jeweilige Lichtintensität. Dies geschieht einerseits durch die Veränderung der Pupillengröße (je stärker die Beleuchtung, desto kleiner die Pupille), andererseits - die Richtigkeit der Duplizitätstheorie vorausgesetzt - durch den Wechsel zwischen dem Stäbchen- und Zapfensehen und durch die Bleichung bzw. Regeneration der Sehpigmente. Die Adaptationsbreite beginnt bereits bei einem Lichtquant.

(Hinweis: Näheres zur Adaptation siehe Kapitel Helligkeitssehen)

E GESICHTSFELD UND SEHSCHÄRFE

Das *Gesichtsfeld* - das Wahrnehmungsfeld bei starrem Blick - ist vertikal mit rund 130 Grad weniger ausgedehnt als in horizontaler Richtung mit rund 150 Grad. Es ist außerdem für das Farbensehen viel kleiner, als für die Hell-Dunkel-Empfindungen. Dies läßt sich mit einer Farbenblindheit der Netzhautperipherie - durch einen Mangel an Zapfen bedingt - erklären.

Bei der Sehschärfe sind folgende drei Arten zu nennen:
- Das optische Auflösungsvermögen, wobei es um "Trennschärfe" geht, d.h. um die Unterscheidbarkeit zweier Punkte.
- Die Empfindlichkeit für Lageverschiedenheiten (Noniussehschärfe)
- Die Erkennbarkeit von Gestalten (z.B. Zahlen)

Die Sehschärfe ist in der fovea centralis am größten und außerhalb dieser viel geringer. Dies läßt sich damit erklären, daß die fovealen Zapfen sehr dicht aneinander liegen und jeder eine eigene bipolare Ganglienzelle zugeordnet ist, während außerhalb der fovea die Zapfen weiter auseinanderliegen, mit Stäbchen untermischt sind, und die Rezeptoren keine eigenen Verbindungen zu den Ganglienzellen haben. Die Netzhautperipherie ist eher eine Art Warninstanz, d.h. meldet sie etwas, was von Interesse sein könnte, wird der Augapfel so gedreht, daß das Bild auf die Fovea fällt. Da die fovea beim Dämmerungssehen nicht sonderlich nutzbringend ist, wird ein Objekt eher seitlich betrachtet, damit die Lichtstrahlen auf die Peripherie treffen. Die Sehschärfe beträgt beim Dämmerungsehen ca. nur ein Fünftel jener beim Tagessehen.

F FEHLER IM OPTISCHEN SYSTEM

Astigmatismus: Eine ungleichmäßig gekrümmte Hornhaut verhindert die Vereinigung der Lichtstrahlen in einem Punkt, wodurch ein verzerrtes Bild zustande kommt.

Hyperopie (Weitsichtigkeit): Infolge eines zu kurzen Augapfels kommt der Brennpunkt hinter der Netzhaut zu liegen, d.h. nahe Objekte können nicht scharf gesehen werden.

Myopie (Kurzsichtigkeit): Infolge eines zu langen Augapfels kommt der Brennpunkt vor der Netzhaut zu liegen, d.h. entfernte Objekte können nur unscharf gesehen werden.

Presbyopie (Altersweitsichtigkeit): Der aufgrund des Altersprozesses erfolgte Elastizitätsverlust der Linse verhindert deren genügend starke Krümmung, wodurch nahe Gegenstände nicht mehr scharf genug gesehen werden können. Der Nahpunkt wird immer weiter hinausgerückt.

Grauer Star: Eine meist altersbedingte Trübung der Linse.

Farbenblindheit: Setzt man die Existenz dreier funktionell verschiedener Zapfensysteme bei Farbtüchtigen voraus, gibt es drei unterschiedliche Formen der Farbenblindheit:
Protanopie: Bei Ausfall bzw. herabgesetzter Funktionstüchtigkeit des Rot-Systems.
Deuteranopie: Bei Ausfall bzw. herabgesetzter Funktionstüchtigkeit des Grünsystems.
Tritanopie: Bei Ausfall bzw. herabgesetzter Funktionstüchtigkeit des Blausystems.

Die Unfähigkeit, Rot und Grün zu unterscheiden - bei Protanopie und Deuteranopie - ist die am häufigst auftretende. Außerdem ist sie bei Männern viel häufiger zu finden als bei Frauen. Rot und Grün können in dem Fall nur nach ihrem unterschiedlichen Helligkeitsgrad differenziert werden.

Untersuchungen (GREGORY, 1972) zeigen, daß die Farbenblindheit nichts mit einem Mangel an Photopigmenten zu tun haben können. Die tatsächliche Ursache ist noch ungeklärt.

G HELLIGKEITSSEHEN

Die Helligkeitsempfindung ist abhängig von
1. der Lichtintensität
2. dem Adaptationszustand des Auges
3. der Beleuchtungsintesität der Umgebungsreize und
4. der Farbe.

ad 1. **Lichtintensität**: Der Zusammenhang zwischen der Helligkeitsempfindung und der Lichtintensität entspricht nach STEVENS einer Potenzfunktion mit dem Exponenten k = 0,33 ($R = S^{0,33}$). D.h., die subjektive Helligkeitsempfindung nimmt viel langsamer zu als die objektive Lichtintensität. Bei höchster Empfindlichkeit der Stäbchen genügt ein Lichtquant zur Helligkeitsempfindung (bei Lichtstrahlen mit der Wellenlänge von Grün).

ad 2. **Adaptationszustand des Auges:** Das Auge kann dunkel oder hell adaptiert sein.

Dunkeladaptation bedeutet eine Vergrößerung der Helligkeitsempfindlichkeit, je länger der Aufenthalt in der Dunkelheit dauert. Die Zapfenadaptation dauert ungefähr sieben Minuten, während die Stäbchen nach ungefähr zwei Stunden Dunkelaufenthalt den höchsten Empfindlichkeitsgrad erreichen.

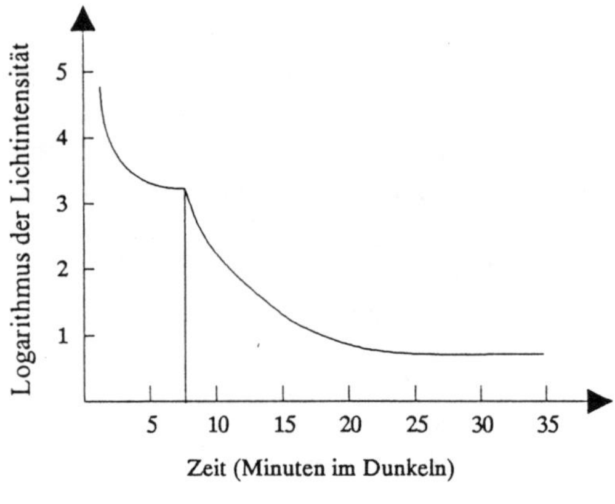

Abb. 33

Die Stäbchenadaptation erklärt man sich mit einer Regeneration des Rhodopsins in der Dunkelheit, nachdem es vorher infolge der stärkeren Beleuchtung gebleicht wurde. Diese Ansammlung von Rhodopsin im Stäbchenapparat macht diesen sehr helligkeitsempfindlich, denn bereits geringe Lichtintensitäten führen zur einer Zersetzung von Rhodopsin. Wird ein dunkeladaptiertes Auge grellem Licht ausgesetzt, folgt eine beinahe schmerzhafte Helligkeitsempfindung, da das gesamt Rhodopsin rasch gebleicht wird.

Helladaptation ist gleichbedeutend mit einer Verminderung der Helligkeitsempfindlichkeit. Bei der Helladaptation funktioniert der Stäbchenapparat nicht mehr, da das Rhodopsin infolge stärkerer Beleuchtungsbedingungen gebleicht wurde. Der Zapfenapparat ist zwar funktionstüchtig, aber nicht so helligkeitsempfindlich wie der Stäbchenapparat, d.h. er benötigt größere Lichtintensität für Helligkeitsempfindungen. Die oben dargestellte Skizze zeigt, daß ein dunkeladaptiertes Auge nach einer halben Stunde Reizintensitäten wahrzunehmen vermag, welche vor dieser Zeit 10.000fach stärker gerade noch zu sehen waren. Je dunkeladaptierter, desto helligkeitsempfindlicher das Auge, je helladaptierter desto unempfindlicher.

ad 3. **Beleuchtungsintensität der Umgebungsreize und der Farbe:**

Die Beleuchtungsintensitäten der Umgebungsreize bedingen den sog. Kontrasteffekt.
Beispiel: ein grauer Ring mit schwarzem Hintergrund wirkt etwas heller als derselbe Ring mit weißem Hintergrund.

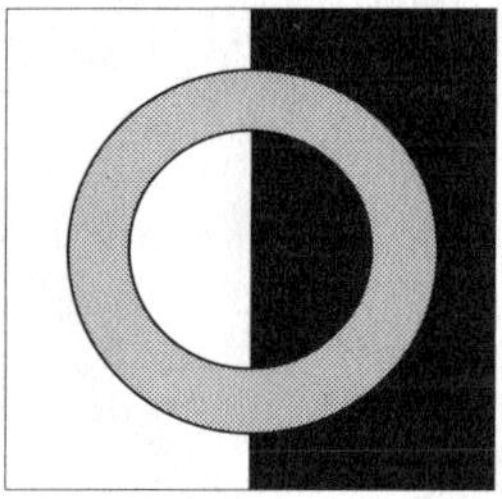

Abb. 34

Der Prozeß der "lateralen Hemmung" wird für das Zustandekommen dieses Kontrasteffekts verantwortlich gemacht (laterale Hemmung s.S. 100).
(Hinweis: Komplementärfarben verursachen gegenseitig stärkere Helligkeitsempfindungen.)

ad 4. **Farbe**: Die Helligkeit ist eine Funktion der Farbe, da unterschiedliche Farben trotz gleicher objektiver Lichtintensität als unterschiedlich hell wahrgenommen werden. Farben in der Mitte des Spektrums empfinden wir als heller als die Farben an den Enden des Spektrums. Zusätzlich ist noch auf die Hell- bzw. Dunkeladaptation zu achten, d.h. darauf, ob gerade der Zapfen - oder der Stäbchenapparat funktioniert, da die Zapfen für Orange und die Stäbchen für Grün am empfindlichsten sind. Arbeiten die Zapfen, erscheint Orange in Relation zu den anderen Spektralfarben trotz gleicher Lichtintensität am hellsten, arbeiten die Stäbchen, gilt dasselbe für Grün (es kommt natürlich nicht zu einer Farbempfindung).

Es gibt für jede Wellenlänge eine bestimmte Lichtstärke, die zunächst nur eine Helligkeitsempfindung verursacht, und eine bestimmte Lichtstärke, ab welcher es zu einer Farbempfindung kommt. Ganz allgemein sind die für die Farbempfindung benötigten Lichtstärken größer als die für die Helligkeitsempfindungen. Aus diesem Grunde gibt es zwei *spektrale Empfindlichkeitskurven*, eine für die Stäbchen und eine für die Zapfen.

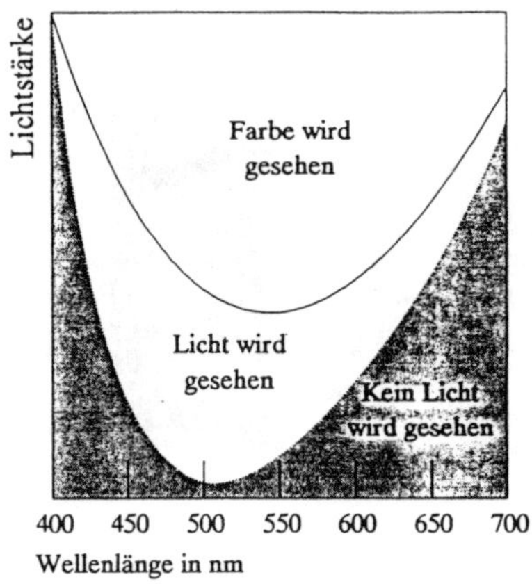

Abb. 35

Mit diesem Wissen kann auch das *Purkinje'sche Phänomen* erklärt werden. Zum Phänomen: ein Orange, welches bei Tageslicht heller erscheint als dieses Grün, wird bei Dämmerung dunkler wahrgenommen als das Grün (natürlich ohne Farbqualität).

H FARBENSEHEN

I. SPEKTRALFARBEN

Wie bereits im Kapitel Licht erwähnt, setzt sich das weiße Sonnenlicht aus allen Spektralfarben zusammen. Jede Spektralfarbe hat eine spezifische Wellenlänge und ist weiter nicht in andere Farben zerlegbar.

Abb. 36

II. WARUM ERSCHEINT EIN OBJEKT IN EINER BESTIMMTEN FARBE?

Die Farbe eines Objekts ist abhängig von
a) der molekularen Beschaffenheit des Objektes
b) der Lichtquelle und
c) der Oberflächenstruktur des Objektes.

ad a) Die molekulare Objektbeschaffenheit ist ausschlaggebend dafür, welche Strahlen mit welcher Wellenlänge absorbiert, reflektiert oder durchgelassen werden.

ad b) Da natürlicherweise jedes Objekt nur das zu reflektieren vermag, womit es auch bestrahlt wird, sind die Farbanteile der jeweiligen Lichtquelle ebenfalls für die wahrgenommene Farbe entscheidend. Nicht jede Lichtquelle setzt sich aus denselben Spektralfarbenanteilen zusammen, wie das weiße Sonnenlicht. Leuchtstoffröhrenlicht z.B. beinhaltet nur wenig vom Rotanteil, Glühbirnen hingegen weniger vom Blau- und mehr vom Rotanteil als das Sonnenlicht.

ad c) Sind z.B. nach a) und b) die Voraussetzungen dafür gegeben, daß ein Objekt als weiß empfunden werden könnte, kann eine Oberflächenstruktur eines Gegenstandes (z.B. viele sehr schmale, parallele Rillen beim Perlmutt) z.B. zu einer Brechung des Lichtes und zu Interferenzen (Wellenüberlagerungen) und darüber hinaus zur Wahrnehmung von verschiedenen Spektralfarben führen.

III. MONOCHROMATISCHE VERSUS POLYCHROMATISCHE FARBEN

Liegen monochromatischen Farben nur eine Wellenlänge zugrunde, sind es bei den polychromatischen mehrere. Es gibt sogar polychromatische Farben, wie Purpur, die im Spektrum gar keine spezifische Wellenlänge besitzen, und daher nur infolge einer Farbmischung entstehen können.

IV. ADDITIVE FARBMISCHUNG UND KOMPLEMENTÄR-FARBEN

Die additive Farbmischung ist ein physiologischer Prozeß, zu welchem es kommt, wenn gleichzeitig Lichtstrahlen unterschiedlicher Wellenlängen auf dieselben Netzhautstellen treffen.

Zur *experimentellen Demonstration* können dafür z.B. ein Farbenkreisel oder zwei Projektoren verwendet werden.

Farbenkreisel: verschiedenfarbige Papierkreise werden in beliebigen Sektorenverhältnissen ineinander gesteckt und in Rotation versetzt.

Projektoren: zwei Projektoren werfen zwei verschiedene Farben auf dieselbe Leinwand, sodaß sich die beiden Flächen teilweise überschneiden.

Jede Farbe hat eine *Komplementärfarbe*, werden diese beiden gemischt, entsteht eine "unbunte Empfindung", nämlich Grau. Beispiele für Komplementärfarben:

Rot - mit Grüntönen
Blau - mit Orangetönen
Gelb - mit Violettönen

Werden zwei nicht-komplementäre Farben gemischt, entsteht eine bunte Empfindung (siehe Farbenkreis Seite 95).

V. SUBTRAKTIVE FARBMISCHUNG

Die subtraktive Farbmischung ist ein physikalischer Prozeß. Werden z.B. zwei Malfarben miteinander vermischt, dann ergibt sich die wahrzunehmende Mischfarbe nicht aus der gleichzeitigen, gemeinsamen Wirkung der ursprünglichen Wellenlänge - wie bei der additiven Farbmischung -, sondern nur aus der(n) Wellenlänge(n), die von beiden Malfarben - unabhängig voneinander - reflektiert wird (werden).

Experimentelle Demonstration: Zwei verschiedenfarbige Filter, die nur die zur Filterfarbe passenden Wellenlängen durchlassen, werden vor einer Projektorlampe angebracht. Das Licht, welches von beiden Filtern durchgelassen wird, setzt sich aus denjenigen Wellenlängen zusammen, die von beiden Filtern unabhängig voneinander durchgelassen werden würden.

Da der additiven und subtraktiven Farbmischung völlig unterschiedliche Prozesse zugrunde liegen, weichen auch die Mischfarben - bei gleichen Ausgangsfarben - voneinander ab. Gelb z.B. kann bei additiven Farbmischung mithilfe eines geeigneten Rot- und Grüntons erzeugt werden. In der subtraktiven Farbmischung wird eine Mischung von Rot und Grün niemals ein Gelb, sondern ein Grau ergeben. Künstler werden daher Gelb, Rot und Blau als Grundfarben angeben, da sie mit der subtraktiven Farbmischung arbeiten und mit diesen drei Farben in unterschiedlichen Mischungsverhältnissen alle anderen Farben herstellen können.

VI. FARBTON - HELLIGKEIT - SÄTTIGUNG

Der Farbton ist eine Funktion der Wellenlänge(n). Jeder Farbton kann unterschiedlich hell empfunden werden, Wovon die Helligkeit abhängig ist, wurde bereits im Kapitel Helligkeitssehen besprochen.

Jeder Farbton kann mit gleichbleibender Helligkeit unterschiedlich stark gesättigt sein, wobei der Sättigungsgrad Ausdruck für die Anzahl der verschiedenen Wellenlängen ist. Je gemischter, desto ungesättigter erscheint die Farbe, je purer die Anzahl, desto gesättigter. Je gesättigter, desto leuchtender erscheint eine Farbe, je ungesättigter, desto blasser.

VII. FARBENKREIS UND GRUNDFARBEN

Um einen *Farbenkreis* zu erstellen, wird das Sonnenspektrum derart gebogen, sodaß die Komplementärfarben einander genau gegenüber liegen (siehe Seite 91). Der dadurch entstehende dreiviertel Kreis muß noch im letzten Viertel zwischen Rot und Violett mit rein polychromatischen Farben, wie Purpur ergänzt werden. Zusätzlich wird dieser Kreis nach Innen komplettiert, indem jeder einzelne Farbton zur Kreismitte hin an Sättigung verliert. Solch ein Farbenkreis dient ausgezeichnet der Veranschaulichung additiver Farbmischung. Bei der Mischung zweier Farben kommt die Mischfarbe genau auf der Verbindungslinie zwischen den beiden Farben zu liegen. Die genaue Lage wird durch die beiden Sättigungsgrade der jeweiligen Farben mitbestimmt.

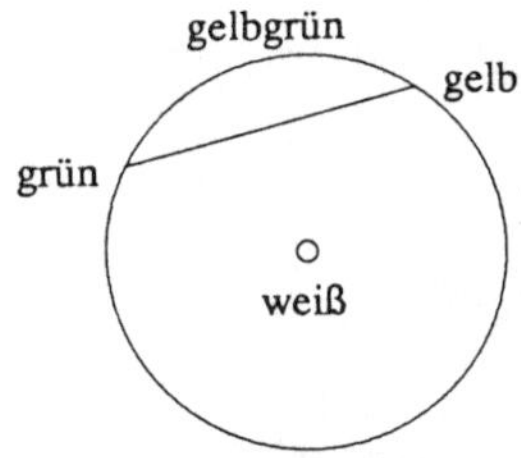

Abb. 37

Bei der Mischung von drei Farben gilt der Punkt der Mischfarbe zweier Farben auf der Verbindungslinie als Ausgangspunkt für die nächste Verbindungslinie zur dritten Farbe.

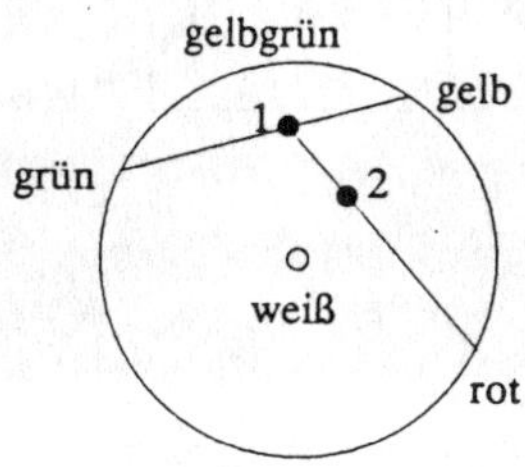

Abb. 38

Diese Vorgangsweise veranschaulicht auch gut, daß mit drei Farben - deren Abstände voneinander am Farbkreisrand gleich groß sind - ein Gros aller Farben erzeugt werden können. Ausgangsfarben, die diese Bedingung erfüllen (wie je ein Rot-, Grün- und Blauton), werden auch als *Grundfarben* bezeichnet.

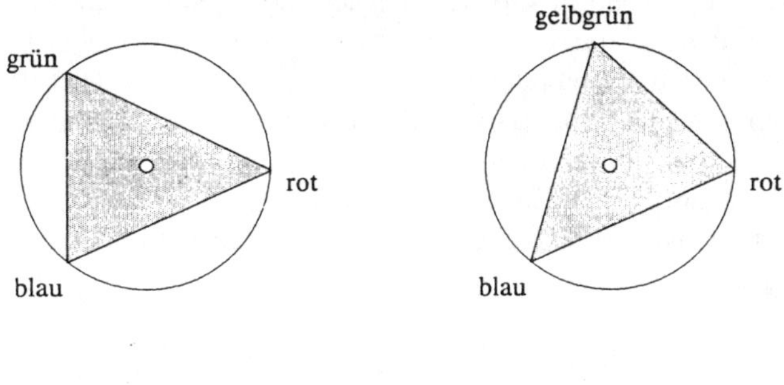

Abb. 39

VIII. FARBUNTERSCHEIDUNGSKURVE

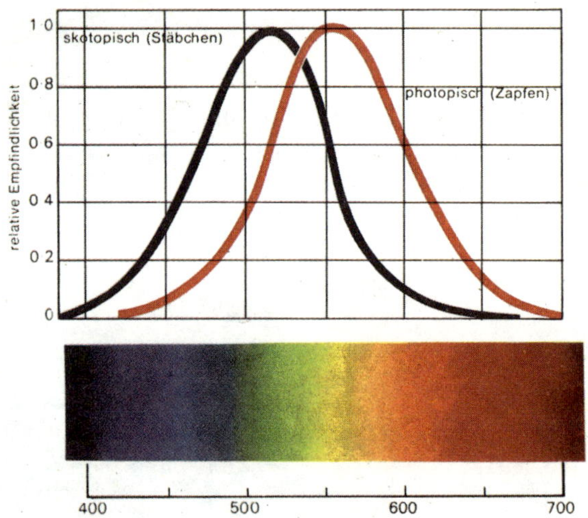

Abb. 40

Die Farbunterscheidungskurve zeigt an, wie genau zwischen den einzelnen Spektralfarben unterschieden werden kann, indem sie die gerade wahrnehmbaren Wellenlängen- bzw. Farbunterschiede ($\Delta\lambda$; abs. US.) in Beziehung setzt zu den Wellenlängen (λ des Lichtes). Aus ihr wird ersichtlich, daß an den Enden des Spektrums die absoluten Unterschiedsschwellen am größten sind, d.h. daß dort die Farbunterscheidungsfähigkeit am geringsten ist, während im gelben Bereich die absoluten Unterschiedsschwellen am kleinsten sind, was gleichbedeutend mit einer besonders guten Farbunterscheidung ist.

IX. SCHWARZ-WEIß-SEHEN

Folgende Annahmen stellen sich zur Diskussion:

1. Weißsehen

Arbeitet der Zapfenapparat, verursacht das Zusammenwirken aller Wellenlängen eine Weißempfingung. Ist hingegen der Stäbchenapparat funktionstüchtig, führt der Zerfall des Rhodopsins infolge einer beliebigen Wellenlängeneinwirkung zur Weißempfindung.

2. Schwarzsehen

Der Mangel an Lichtreizen bewirkt eine Schwarz- bzw. Grauempfindung. Daß dieser Mangel nicht ein "Nichts-Sehen" bedeutet, kann mit dem Einspringen des sog. "subjektiven Augengraus" begründet werden. Mit dem subjektivem Augengrau (bzw. Eigengrau: Spontanentladungen ohne Reiz) ist jene Farbempfindung gemeint, die sich beim Schließen der Augen einstellt. Jene Stellen des Gesichtsfeldes, die gar keine bzw. zu wenig Lichtreize aussenden, sollen mit dieser Grauempfindung gefüllt werden. Ob dieses Grau ein sehr helles ist, oder zu einem tiefen Schwarz wird, wird nur als Konsequenz der Kontrastwirkung der Umgebungsreize interpretiert.

Das subjektive Augengrau wird mit den sog. Off-Potentialen erklärt, womit jene Entladungen bestimmter Netzhautstellen gemeint sind, die am Ende einer Belichtung und während der gesamten Dunkelheitsperiode stattfinden.

X. THEORIEN DES FARBENSEHENS

1. Dreikomponenten-Theorie von YOUNG und HELMHOLTZ

Nach dieser Theorie gibt es drei Zapfentypen, die wellenlängenspezifisch reagieren. Ein Zapfentyp reagiert auf Rot, der zweite auf Grün und der dritte auf Blau (bzw. Violett). Alle anderen Farbempfindungen sind auf unterschiedliche Mischungen dieser Reaktionen zurückzuführen.

Weißempfindung: bei gleichmäßiger Reizung aller drei Zapfenarten
Schwarzempfindung: bei mangelnder Reizung

2. Hering'sche Gegenfarbentheorie

Diese Theorie versucht - im Gegensatz zur YOUNG und HELMHOLTZ-Theorie - die Beobachtung, daß es sog. "Farbenpaare" gibt - was beim Nachbild deutlich wird -, zu berücksichtigen. Als Farbenpaare gelten hierbei Rot-Grün, Gelb-Blau und Weiß-Schwarz, wobei jedem Paar eine eigene Sehsubstanz zugesprochen wird. Werden die Sehsubstanzen abgebaut (Dissimilierung) entstehen Rot-, Gelb- und Weißempfindungen, werden sie aufgebaut (Assimilierung), kommt es zu Grün-, Blau- und Schwarzempfindungen. Je nach den dabei enstehenden Dissimilierungs- und Assimilierungsmustern kommen die unterschiedlichen Farbempfindungen zustande.

3. Gegenfarbenzellen-Modell

Dieses Modell postuliert die Existenz von drei Zapfentypen und vier Arten von Gegenfarbenzellen im Corpus geniculatum laterale, die alternativ folgend wirken:

rot erregend	- grün hemmend (+R, -G)
rot hemmend	- grün erregend (-R, +G)
gelb erregend	- blau hemmend (+GE, -B)
gelb hemmend	- blau erregend (-GE, +B)

Die Gegenfarbenzellen bekommen die Informationen von den Zapfen und reagieren auf - durch bestimmte Wellenlängen ausgelöste - Impulse mit Erregung, auf andere mit Hemmung. Z.B. die +R, -G Zelle reagiert auf Impulse, die durch Rot-Zapfen ausgelöst wurden mit Erregung, auf Impulse, die durch Grün-Zapfen ausgelöst wurden, mit Hemmung. Die unterschiedlichen Erregungs- und Hemmungsmuster sind für die unterschiedlichen Farbempfindungen verantwortlich.

Nach GREGORY (1972) zeigen wissenschaftliche Arbeiten des Amerikaners Edwin LAND, daß bei den Erklärungsversuchen für das Farbensehen auf den komplizierten Beitrag des Gehirns vergessen wird. Z.B. sollen bei drei Farben, die ein komplexes Muster, einen Gegenstand darstellen mehr Farben gesehen werden, als wenn dieselben Farben ein einfaches Muster ergeben. Dem Erkennen eines Gegenstandes liegen höhere Gehirnprozesse zugrunde.

XI. FARB- UND HELLIGKEITSKONTRASTE

Kontrastphänomene - ganz allgemein - zeigen die Abhängigkeit des Wahrgenommenen vom jeweiligen Kontext. Bei den Farbkontrasten (Helligkeitskontrasten) geht es demnach um die Abhängigkeit der wahrgenommenen Farbe (Helligkeit) vom jeweiligen Kontext. Die Unterscheidung in Sukzessiv- und Simultankontraste bezieht sich darauf, ob das Kontrastphänomen in einer zeitlichen Verschiebung zur Darbietung des Reizmaterials steht oder nicht.

1. Simultankontraste

a) Konturen (gleichzusetzen mit Helligkeitskontrast): An Übergängen zwischen Hell und Dunkel erscheint das Helle viel heller und das Dunkle viel dunkler.

b) Ein helles Feld wirkt heller, ist die Umgebung dunkel.
Beispiel: siehe Seite 89

c) Eine Farbe wirkt gesättigter, ist die Umgebung komplementärfarben.
Beispiel: Ein rotes Quadrat mit einer Umgebung in komplementären Grün erscheint gesättigter, als z.B. mit gelben Hintergrund.

d) *Florkontrast*: Ein Graupapier erscheint in der komplementären Farbe seiner Grundlage.
Beispiel: Grundlage ist rot, Graupapier erscheint grünlich. Die Bezeichnung Florkontrast rührt daher, daß ein über das Ganze ausgebreitete Florpapier (oder Seidenpapier) den Effekt verstärkt.

e) *Farbiger Schatten*: Wird eine Wand mit zwei Lichtquellen, einer weißen und einer farbigen, z.B. roten Lichtquelle beleuchtet, und wird ein Gegenstand in dem Lichtkegel beider Lichtquellen gerückt, erscheint derjenige Schatten, welcher vom roten Licht an die Wand geworfen wird und zusätzlich vom weißen beleuchtet wird, in Grün - der Komplementärfarbe des farbigen Lichts.

Erklärungsansatz für Konturen und farbige Schatten

Beide Phänomene können mit der *lateralen Inhibition*, einem physiologischen Prozeß auf der Retina, verständlich gemacht werden. Laterale Inhibition bedeutet eine hemmende Wirkung eines erregten Rezeptors auf seitlich benachbarte Schaltzellen. Im Gegensatz dazu haben die direkten geradlinigen Verbindungen zu den Schaltzellen eine erregende Wirkung auf diese.

Bei den Konturen äußert sich dieser Prozeß darin, daß an den Grenzlinien die Zellen von der hellen Fläche nur schwach gehemmt und stark erregt werden, die Zellen von der dunklen Seite stark gehemmt und schwach erregt werden. Daher die Verstärkung des Unterschiedes am Übergang.

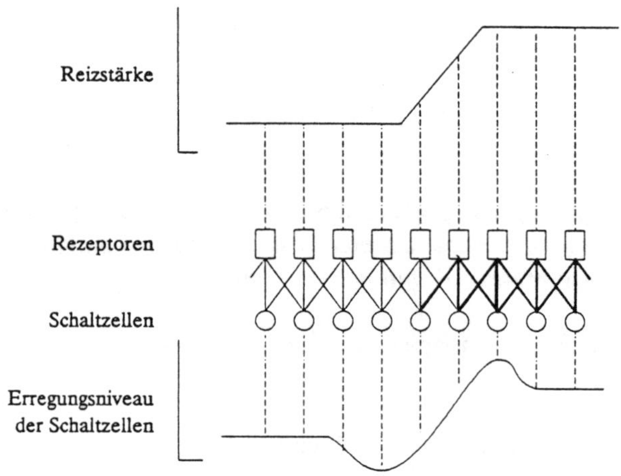

Abb. 41

Bei den farbigen Schatten scheint die laterale Inhibition im Bereich des farbigen Schattens zum Tragen zu kommen, da die Rotzapfen in diesem Bereich von den Umgebungs- Rotzapfen gehemmt werden.

2. Sukzessivkontrast

Negatives Nachbild (sekundäres Nachbild)

Wird eine farbige Fläche über einige Zeit (ca. eine Minute) hinweg fixiert, so bringt ein anschließender Blickwechsel auf eine weiße oder graue Fläche mit sich, daß diese Fläche in ihrer Komplementärfarbe gesehen wird.
Beispiel:
Fläche = rotes Quadrat
Nachbild = grünliches Quadrat an einer weißen Wand

Erklärungsansätze

a) Der durch die Fixierung stimulierte Retinabereich ist infolge der Bleichung des Photopigments weniger empfindlich als die Umgebung dieses Bezirkes.

b) Nach der Gegenfarbentheorie von HERING ist das negative Nachbild Ausdruck für die Wiederherstellung eines Stoffwechselgleichgewichts, d.h. eines Gleichgewichts zwischen Assimilation und Dissimilation.

Die *Dauer* des negativen Nachbildes steht im direkten Zusammenhang mit der Dauer der Reizdarbietung: Je länger die Reizdarbietung, desto länger die Dauer des negativen Nachbildes.

Die *Größe* des negativen Nachbildes steht in einem gesetzmäßigen Verhältnis zu dessen Entfernung vom Beobachter. Diese Gesetzmäßigkeit wird von EMMERT (1866-1903) im *Emmertschen Gesetz* formuliert. Es besagt, daß die scheinbare Nachbildgröße sich proportional mit der Entfernungsänderung des Projektionsschirms vom Beobachter ändert.

$$l' = \frac{l\,a'}{a}$$

l'...... Nachbildgröße
l....... Größe des Reizobjektes
a'..... Entfernung Auge-Nachbild
a...... Entfernung Auge-Reizobjekt

(Erklärung siehe Größenkonstanz S. 112)

I TIEFENSEHEN

I. TIEFENCUES

Tiefencues sind Reize, die auf vorhandene Tiefe hinweisen. Während die binokularen Tiefencues nur bei zweiäugigem Sehen wirksam sind, funktionieren die monokularen auch bei einäugigem Sehen.

1. Binokulare Tiefencues

a) Konvergenz der Augen

Die Stärke des Zueinandergedrehtseins der beiden Augen verrät etwas über die Entfernung des betrachteten Objektes. Je näher das Objekt, desto stärker ist die Konvergenz. Die Konvergenz ist allerdings nur bei nahen Objekten ein wirksamer Tiefenhinweis und kann nicht gleichzeitig über die jeweilige Entfernung mehrerer Objekte Auskunft geben, sondern nur über die eines Objektes.

b) Querdisparation

Die Augen sind beim Menschen ca. 7 cm voneinander entfernt, wodurch das Bild des rechten Auges von dem des linken abweicht. Dennoch sieht der Mensch keine Doppelbilder. Rein theoretisch wird das damit erklärt, daß die Augäpfel reflektorisch in die Stellung gebracht werden, in welcher die einfallenden Strahlen auf korrespondierende Netzhautstellen - bestimmten Rezeptoren im rechten Auge sind bestimmte Rezeptoren im linken Auge zugeordnet - treffen, wodurch das Einfachsehen ermöglicht wird. Da die Augen jedoch nicht gleichzeitig auf verschiedene Entfernungen eingestellt werden können, fallen die Strahlen von - vor oder hinter der Fixationsebene liegenden - Objekten auf disparate (nicht-korrespondierende) Netzhautstellen. Diese geringe Abweichung in der Horizontalen - daher Querdisparation genannt - bewirkt dennoch nicht das Sehen von Doppelbildern, sondern ein Tiefensehen. Das Ausmaß der Querdisparation informiert das Gehirn über die Entfernungen der Objekte. Die Disparation ist umso größer, je näher die Gegenstände sind. Das Gehirn vermag die Disparation in Tiefe umzurechnen, die beiden Bilder werden zu einem dreidimensionalen verschmolzen. Da ab einer Entfernung von ca. 6m der Unterschied verschwindend gering ist, ist die Querdisparation über diese Entfernung hinaus kein wirksamer Tiefencue mehr.

2. Monokulare Tiefencues

a) Parallaxe (Bewegungsparallaxe)

Bewegt sich ein Beobachter, erscheinen ihm entferntere Objekte weniger bewegt als nähere, da das Netzhautbild des entfernteren Objektes weniger weit wandert.
Beispiel: Vp sitzt im fahrenden Zug, die näheren Objekte scheinen vorbeizurasen, die weiter entfernten nicht.

b) Akkommodation

Der Grad der Linsenkrümmung zum Zwecke des scharfen Fern- und Nahsehens dient als Entfernungsmesser. Nach KRETCH & CRUTCHFIELD (1985) gilt dies nur für 1 bis 2 Meter.

c) Luftperspektive (Atmosphärische Perspektive)

Je entfernter ein Objekt, desto verschwommener die Konturen.

d) (Lineare) Perspektive

Je entfernter Objekte sind, desto kleiner und enger beieinander erscheinen sie.
Beispiel: In der Ferne zusammenlaufende Eisenbahnschienen

e) Strukturgradienten

Sie stehen in engem Zusammenhang mit der Perspektive. Es geht um die Struktur (Gliederung) von nicht senkrecht zur Blickrichtung stehenden Objektoberflächen, auf welchen die weiter hinten liegenden Punkte dichter zusammengedrängt erscheinen.

f) Relative Position

Befinden sich zwei Objekte in derselben Blickrichtung, wird dasjenige, welches das andere teilweise oder ganz zu verdecken vermag, als näher empfunden. Von zwei gleich großen Objekten wird das größer erscheinende als näher wahrgenommen.

g) Licht und Schatten

Schattierungsmuster geben Auskunft über die vorhandene Tiefe. Erfolgt die Beleuchtung eines Objektes von unten - was der üblichen, von oben stattfindenden Beleuchtung widerspricht - kann eine umgekehrte Tiefenwahrnehmung die Folge sein. Das heißt, Erhebungen werden zu Vertiefungen und umgekehrt.

h) Bekannte Daten

Weiß der Beobachter über Größe oder Form eines bestimmten Objektes bescheid, kann er diese Daten zur Entfernungsschätzung desselben, aber auch zur Größen- und Entfernungsschätzung anderer Objekte der gleichen Blickrichtung heranziehen.

II. RAUMTIEFENSCHWELLE UND PANUM'SCHER EMPFINDUNGSKREIS

Die Panum'schen Empfindungskreise sind jene Retinabereiche, innerhalb welcher eine Reizung disparater Zellen nicht Doppelbilder, sondern einfache Bilder mit Tiefenwirkung zustande kommen läßt.

Die Raumtiefenschwelle gibt jenes Ausmaß an Querdisparation an, bei welcher eine Tiefenwahrnehmung gerade eben erfolgt.

III. HAPLOSKOP UND STEREOSKOP

1. Haploskop

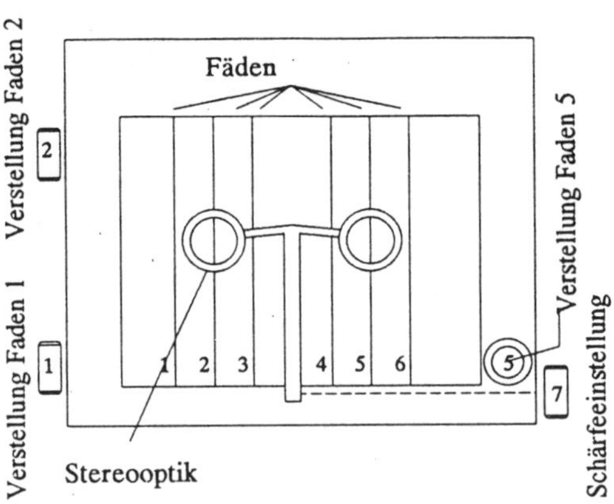

Abb. 42

Zur Feststellung der Raumtiefenschwelle und der Panum'schen Empfindungskreise eignet sich das sog. Haploskop, mit dem zwei Bilder - jedes davon zeigt aufgespannte Fäden in senkrechter Richtung - gleichzeitig dargeboten werden können. Die verschiebbaren Fäden sind so angeordnet, daß zunächst korrespondierende Netzhautstellen gereizt werden. Gesehen wird demnach ein einfaches Bild ohne Tiefenwirkung, alle Fäden liegen in der gleichen Ebene. Wird ein Faden aber so verschoben, daß disparate Zellen innerhalb des Panum'schen Empfindungskreises aktiviert werden, scheinen die Fäden in der Tiefe voneinander abzuweichen. Das einfach gesehene Bild wird je nach Ausmaß der Querverschiebung - der Querdisparation - eine Tiefenwirkung oder einen doppelt gesehenen Faden aufzeigen.

2. Stereoskop und Pseudoskop

Das Stereoskop ist ein Instrument, das die simultane Darbietung zweier verschiedener Reize ermöglicht, wobei jedem Auge nur einer dieser beiden Stimuli präsentiert wird. Das Stereoskop kann daher auch zur Gewinnung eines (künstlichen) Tiefeneindrucks durch eine künstlich erzeugte Querdisparation genützt werden.
Beispiel: Zwei zueinander querverschobene Photographien - erstellt mit einer Stereokamera mit zwei Linsen, deren Abstand zueinander ungefähr unserem Augenabstand entspricht - werden gleichzeitig dargeboten. Das heißt, jedem Auge wird gesondert eine Photographie vorgelegt, wobei sich die beiden Bilder nur in ihrer Aufnahmeposition voneinander unterscheiden. Das Ergebnis ist ein einfach gesehenes Bild mit Tiefenwirkung. Das Stereoskop eignet sich daher, den Prozeß der Tiefenwahrnehmung zu veranschaulichen: aus zwei zweidimensionalen, aber zueinander querverschobenen Bildern entsteht ein einfaches dreidimensionales Bild.

Pseudoskop und pseudoskopisches Sehen

Läßt man mithilfe eines Pseudoskops dem linken Auge das Bild des rechten Auges zukommen und umgekehrt, kann eine umgekehrte Tiefenwahrnehmung erfolgen. Sie bleibt allerdings aus, wenn der neue Tiefeneindruck der Erfahrung stark widerspricht.

IV. DIVERSE PHÄNOMENE

1. Verzerrter Raum von AMES

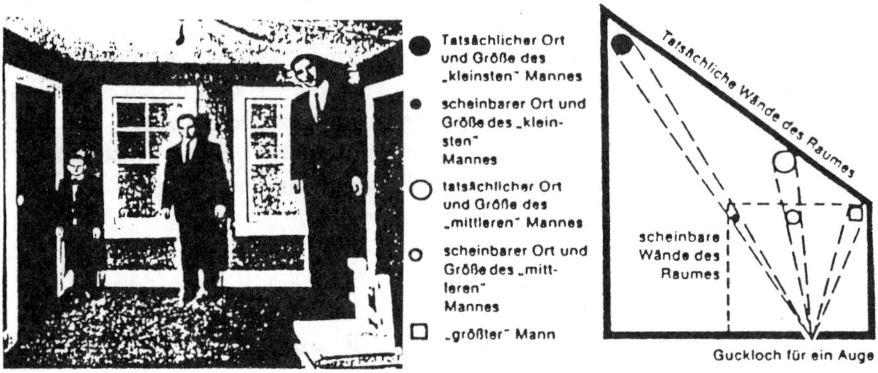

Abb. 43

Erklärung: Der Raum ist so konstruiert, daß das Netzhautbild gleich dem eines tatsächlich rechteckigen Raums entspricht. Da die Vp nur mit einem Auge durch ein Guckloch in den Raum schauen darf, ist sie bei der Entfernungsbeurteilung auf die monokularen Tiefencues angewiesen. Da bei der Konstruktion die Perspektiveregeln beachtet wurden, verläßt sich der Beobachter darauf und glaubt - der Erfahrung gemäß - einen rechteckigen Raum wahrzunehmen. Infolge dessen erscheint z.B. die entfernteste Person wegen einer Entfernungsunterschätzung zu klein.

2. Rotierendes Fenster von AMES oder trapezoides Rotationsfenster

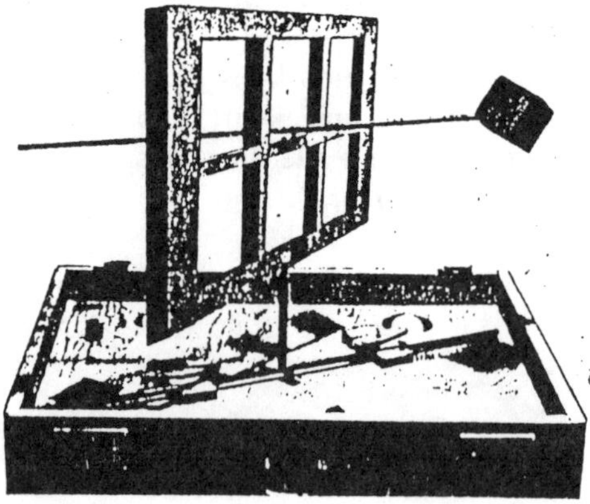

Abb. 44

Wird diese Vorrichtung im Uhrzeigersinn gedreht, sieht der Beobachter ein hin- und herschwingendes Fenster.
Erklärung: Der Beobachter glaubt, ein rechteckiges Fenster wahrzunehmen, da das tatsächlich nicht rechtwinkelige, zur rechten Seitenkante hin verkürzte Gebilde, perspektivisch so konstruiert wurde. Bei der Umdrehung scheint die linke Seitenkante immer näher beim Betrachter zu liegen, wodurch die scheinbar schwingende Bewegung zustande kommt.

Sowohl bei Punkt 1. und 2. wird deutlich, welche gewichtige - oft irreführende - Rolle die Erfahrung bei der Wahrnehmung spielt.

3. Pulfrich'scher Pendeleffekt

Dieser Effekt vermag die Rolle der Querdisparation bei der Tiefenwahrnehmung zu veranschaulichen.

Durchführung: Ein Pendel (Schnur + Kugel) wird senkrecht zur Blickrichtung geschwungen, wobei vor einem Auge ein dunkles durchsichtiges Glas gehalten wird.

Ergebnis: Das Pendel scheint sich auf einer in die Tiefe gehenden Ellipsenbahn zu bewegen.

Erklärung: Die Dunkeladaptation am verdunkelten Auge geht auf Kosten des zeitlichen und räumlichen Auflösungsvermögens. Das dunkeladaptierte Auge nimmt die tatsächliche Position des Pendels - zur Mitte hin zunehmend - immer zu spät wahr. Diese Zeitverzögerung bewirkt die Reizung disparater Netzhautstellen und darüberhinaus eine Tiefenwirkung.

J BEWEGUNGSSEHEN

I. ALLGEMEINES

Bewegungswahrnehmung wird bestimmmt von
1. vorhandenen bzw. fehlenden Netzhautbildverschiebungen,
2. Informationen über den eigenen Körperzustand und
3. Erfahrung.

Liefern diese Faktoren widersprüchliche oder mangelnde Informationen, kann es zu Bewegungstäuschungen kommen.

ad 1) Bewegungsehen findet statt, wenn
a) das Netzhautbild desselben Reizes über die Retina ohne aktive Augenbewegung geleitet wird, oder
b) das Netzhautbild desselben Reizes bei gleichzeitiger Augenbewegung stationär bleibt.

Daß trotz stationären Netzhautbildes Bewegungssehen erfolgt, wird mit dem sog. Reafferenzprinzip erklärt, nach welchem jede fehlende Übereinstimmung zwischen der Efferenzkopie und der Reafferenz zum Bewegungssehen führt.
Efferenz: Innervationsbefehl an die Augenmuskeln
Efferenzkopie: Kopie dieses Befehls für das Gehirn
Afferenz: Bildverschiebung auf der Retina (aufgrund der Augenbewegung)
Reafferenz: Rückmeldung der Afferenz an das Gehirn

ad 2) Wird z.B. der Kopf bewegt, werden trotz eines gleitenden Netzhautbildes ruhende Umgebungsobjekte nicht bewegt gesehen, da das Gehirn die Informationen über die eigene Körperbewegung bei der Wahrnehmungsinterpretation in Rechnung stellt. Fallen hingegen die Informationen über den Körperzustand infolge z.B. eines getrübten Bewußtseins (z.B. bei Alkoholmißbrauch) teilweise weg, können ruhende Objekt auch bewegt erscheinen.

ad 3) Daß bei bewegtem Kopf ruhende Objekte trotz eines gleitenden Netzhautbildes nicht bewegt gesehen werden, ist auch Ausdruck dafür, daß bisher gemachte Erfahrungen bei der Wahrnehmung verrechnet werden. Denn das Fehlen dieser Informationsquelle kann auch Unbewegtes bewegt erscheinen lassen. Das zeigen die Versuche mit den Umkehrbrillen, in denen infolge mangelnder Erfahrung mit der neuen optischen Situation Ruhendes bewegt gesehen wurde.

II. DIVERSE PHÄNOMENE UND EFFEKTE

1. Das Phi-Phänomen

Deskription: Zwei oder mehrere stationäre, nacheinander aufleuchtende Lichter werden als ein bewegtes Licht gesehen.

Bedingungen: Die Entfernung zwischen den Lichtern darf nicht zu groß sein, das Zeitintervall zwischen dem Aufleuchten nicht zu lang (ca. 0,06 sec.) und die Entfernung der Vp zu den Lichtern nicht zu gering.

Erklärungsversuch: Die Reizbedingung ist derjenigen, die ein bewegtes Netzhautbild ein- und desselben bewegten Reizobjektes induzieren würde, so ähnlich, sodaß die Bewegung eines Objektes gesehen wird.

2. Flimmerverschmelzungsfrequenz (FVF)

Deskription: Ein stationäres Licht wird wiederholt ein- und ausgeschaltet. Übersteigt die Darbietungsgeschwindigkeit eine bestimmte Grenze - Sukzessionsgrenze (bis zu 25 Reize pro Sekunde) - werden nicht mehr diskrete Reize erlebt, sondern ein einziger flackernder Lichtreiz, ein Flimmern wird wahrgenommen. Wird die Geschwindigkeit weiter erhöht, verschwindet das Flimmern und der Lichtreiz erscheint als konstantes Dauerlicht. Das passiert bei der sog. FVF, die ca. bei 30 bis 50 Reizen pro Sekunde liegt - je nach den jeweils gegebenen physikalischen Bedingungen (z.B. Lichtintensität: je heller, desto höher liegt die FVF).

Erklärung: Die Ursache für dieses Phänomen liegt in der Trägheit des optischen Wahrnehmungssystems. Da die ausgelöste Empfindung länger andauert als der gegebene Reiz, wird die Wahrnehmung bei zunehmender Geschwindigkeit infolge des begrenzten Auflösungsvermögens immer ungenauer.

3. Film (Kinematographie)

Der Film macht sich die beiden oben genannten Phänomene zunutze. Es werden 24, leicht voneinander abweichende Bilder/sec. von der Filmkamera aufgenommen und an die Projektionsfläche projiziert. Wie beim Phi-Phänomen erscheinen stationäre Reize - die ruhenden, leicht voneinander abweichenden Bilder - als ein sich bewegender Reiz (Bewegungsablauf). Die kritische Flimmergrenze wird zwar mit 24 Bildern/sec. nicht erreicht, aber moderne Projektoren können das Flimmern zum verschwinden bringen, indem ein- und dasselbe Bild nicht einmal, sondern zwei- bis dreimal gezeigt wird, sodaß eine FVF von 48/sec. bis 72/sec. erreicht wird.

4. Stroboskop-Effekt

Wird ein sich bewegendes Objekt (z.B. Ventilator) mit einer bestimmten Umdrehungsgeschwindigkeit (z.B. 100 U/sec.) mit der zahlenmäßig gleichen Frequenz (100 Lichtblitze/sec.) beleuchtet, und wird dabei das zeitliche Auflösungsvermögen nicht überschritten, erscheint das Objekt stillzustehen, da bei jedem Lichtblitz immer die gleiche Stelle am Objekt zu sehen ist.

5. Daumensprung

Deskription: Betrachtet man einen Daumen jeweils abwechselnd mit dem rechten und linken Auge, scheint er sich hin- und herzubewegen.

Erklärungsversuche:
- siehe Punkt 1.
- Die Bewegung wird "hineingesehen", da es der Erfahrung widerspricht, daß sich derselbe Gegenstand ohne stattgefundene Bewegung an verschiedenen Orten befindet (ROHRACHER, 1988).

6. Induzierte Bewegung

Deskription: Die Bewegung eines Objektes wird auf ein eigentlich stationäres Objekt übertragen (induziert), sodaß das bewegte Objekt ruhig erscheint und das stationäre Objekt bewegt.
Beispiele:
- Bei Filmaufnahmen werden Landschaftsattrappen hinter einem stillstehenden Auto vorbeigezogen. Das Auto scheint bewegt, die Landschaft jedoch nicht.
- In einem dunklen Raum wird ein Lichtfleck auf einen Bildschirm projiziert. Wird der Schirm bewegt, erlebt die Vp nicht den Schirm, sondern den Lichtfleck bewegt.

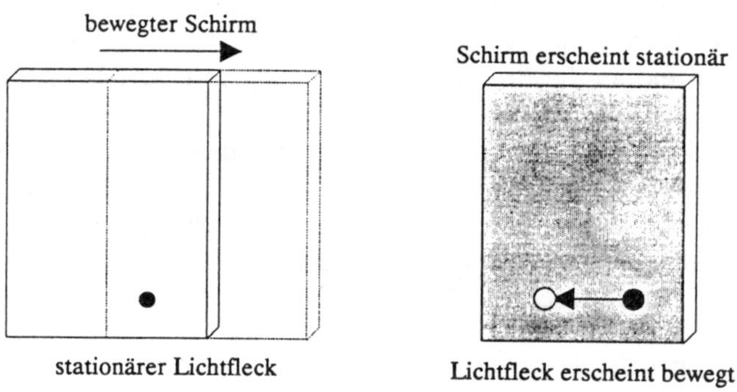

Abb. 45

- Sich rasch bewegende Wolken lassen den stillstehenden Mond scheinbar dahinrasen.

- Hexenschaukel: Die Vp sitzt auf einer Schaukel in einem Haus, welches so konstruiert ist, daß es um eine Achse gedreht werden kann. Geschieht das, glaubt die Vp derart stark zu schaukeln, daß sie manchmal mit dem Kopf nach unten zu hängen kommt und hält sich dementsprechend verkrampft an der Schaukel fest.
- Ein rasch fahrender Zug läßt die Landschaft vorbeifliegen.

Erklärungsversuch: Bei all diesen Phänomenen - bis auf das letztgenannte - setzt sich die Erfahrungskomponente bei der Wahrnehmungsinterpretation durch. Denn die Erfahrung lehrt uns, daß sich kleinere Objekte mit größerer Wahrscheinlichkeit bewegen als größere (bzw., daß sich Landschaften oder Räume überhaupt nie bewegen). Bei der Hexenschaukel vermag die eigene Körperempfindung (der Ruhe) die Erfahrung zu beeinträchtigen. Beim letztgenannten Zug - Landschaft - Beispiel scheinen die sehr rasch gleitenden Netzhautbilder die Körper- und Erfahrungskomponente zu überdecken.

7. Scheinbare Entfernung - scheinbare Bewegung

Deskription: Betrachtet man im fahrenden Auto den Mond, scheint er sich langsamer, aber dennoch nicht zurückbleibend mitzubewegen.

Erklärung: Der Mensch unterschätzt aufgrund der Mondgröße immens die Entfernung des Mondes. Wäre der Mond tatsächlich so nahe, müßte man ihn rasch mit dem Auto hinter sich lassen. Da er aber immer im gleichen Winkel - der aufgrund der so großen Entfernung quasi gleich bleibt - zu sehen ist, kommt es zur Wahrnehmungsinterpretation eines sich bewegenden Mondes.

8. Autokinetisches Phänomen

Deskription: In einem völlig dunklen Raum ohne weitere Anhaltspunkte wird ein stationärer Lichtpunkt bei längerer Betrachtung bewegt gesehen.

Erklärungsversuche:
- Nach GREGORY (1972) ermüden die Augenmuskeln nach längerer Fixierung wobei Korrektionssignale zur Verhinderung der Augenbewegung nötig werden. Diese Signale können denjenigen entsprechen, die an und für sich eine Augenbewegung zum Zwecke der Verfolgung eines bewegten Objektes auslösen. Daher verursachen diese Korrektionssignale die Scheinbewegung.
- Das Fehlen eines optischen Bezugsrahmens: Im hellen Raum mit Anhaltspunkten verschwindet dieser Effekt.
- Unbewußte Augenbewegungen bedingen Netzhautbildverschiebungen.

9. Bewegungsnachbilder

a) Wasserfalleffekt

Deskription: Wird über längere Zeit z.B. ein Wasserfall betrachtet und anschließend der Blick auf eine ruhende Fläche gerichtet, scheint sich diese in die entgegengesetzte Richtung zu bewegen.

Erklärungsversuch: Arbeiten von HUBEL & WIESEL (1962) konnten zeigen, daß es für verschiedene Bewegungsrichtungen verschiedene neuronale Kanäle gibt. Auf diese Ergebnisse stützt sich GREGORY (1972) in seiner Argumentation, wenn er meint, daß beim längeren Betrachten die entsprechenden Kanäle adaptieren oder ermüden, wodurch das Bewegungssystem aus dem Gleichgewicht gebracht und darüberhinaus die Wahrnehmung der entgegengesetzten Richtung induziert wird.

b) Exner'sche Spirale

Deskription: Eine - auf eine drehbare Scheibe gezeichnete - Spirale scheint sich je nach Rotationsrichtung auszudehnen und nach dem Drehstop zu kontrahieren, bzw. zuerst zu kontrahieren und nach dem Drehstop auszudehnen.

Erklärungsversuch: siehe Punkt a)

K WAHRNEHMUNGKONSTANZEN

Objekte werden trotz veränderter Reizbedingungen - innerhalb bestimmter Grenzen - hinsichtlich diverser Eigenschaften gleich wahrgenommen. Das bringt einen großen Vorteil mit sich, nämlich eine Stabilisierung unserer Umwelt.

I. GRÖßENKONSTANZ

Ein- und derselbe Gegenstand erscheint trotz unterschiedlicher Entfernung gleich groß, obwohl sich das Netzhautbild mit zunehmender Entfernung verkleinert. Dieses Phänomen läßt sich damit erklären, daß bei der Größenwahrnehmung nicht nur die Größe des Netzhautbildes entscheidend ist, sondern die scheinbare Entfernung des Gegenstandes in Rechnung gestellt wird. Das heißt, bei gleicher retinaler Bildgröße, aber unterschiedlicher Entfernung, wird der weiter entfernte Gegenstand als größer wahrgenommen als der nähere. Fehlen zuverlässige Distanzhinweise wird die Größe über- bzw. unterschätzt.

Beispiele:
- Der verzerrte Raum von AMES (siehe Seite 106)
- Der gleich große Mond erscheint im Zenit kleiner als am Horizont trotz des gleich großen Netzhautbildes, da die Entfernung zum Horizont als größer beurteilt wird.
- Das negative Nachbild wird mit zunehmender Entfernung größer, da die scheinbare Entfernung miteinberechnet wird (siehe Seite 101).

II. FORMKONSTANZ

Die Formwahrnehmung eines Objektes wird einerseits durch das Netzhautbild, andererseits aber auch durch die Informationen über die Lage des Objektes im Raum bestimmt. Fehlen solche Informationen, geht auch die Formkonstanz weitgehendst verloren.

Beispiel: Eine Ellipse wird zum Kreis, wenn Information darüber vorhanden ist, wie sie im Raum liegt.

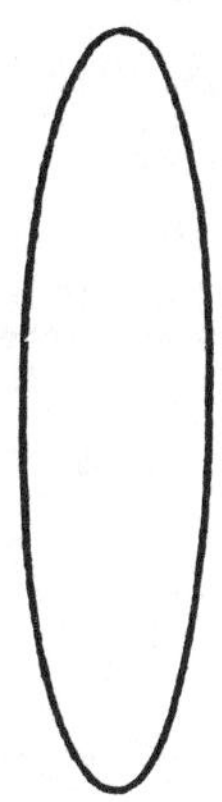

Abb. 46

III. HELLIGKEITSKONSTANZ

Ein- und derselbe Gegenstand erscheint trotz veränderter Lichtintensität (bzw. Beleuchtung) gleich hell, wenn dieselbe Veränderung auch für das Umfeld stattfindet, und daher der Kontrast gleich bleibt. Daher ist die Wahrnehmbarkeit der Beleuchtungsverhältnisse eine Voraussetzung für diese Dingkonstanz.

Beispiel: Ein Papier strahlt bei Dämmerlicht weniger Lichtintensität aus, als Kohle in der Mittagssonne, dennoch empfinden wird das Papier auch bei Dämmerlicht weiß und die Kohle in der Mittagssonne schwarz.

L WEITERE PHÄNOMENE UND TÄUSCHUNGEN

I. GEOMETRISCH-OPTISCHE TÄUSCHUNGEN

1. Im Zusammenhang mit dem Hintergrund wirkende Täuschungen

a) Hering'sche Fächertäuschung

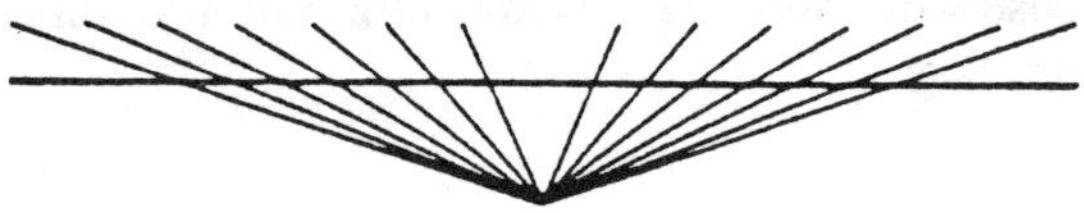

Abb. 47

b)

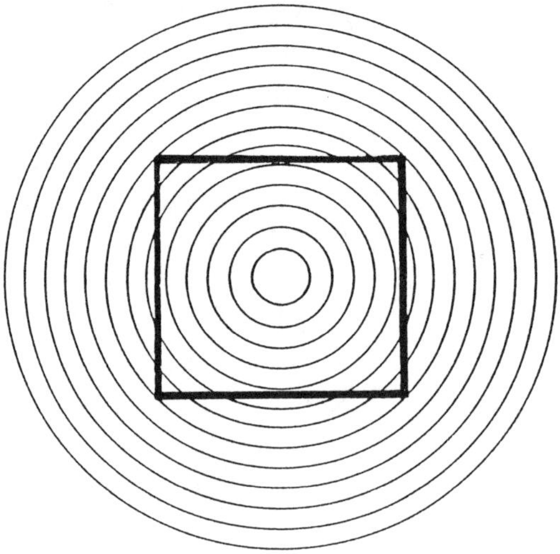

Abb. 48

c) Wundt'sche Täuschung (1896)

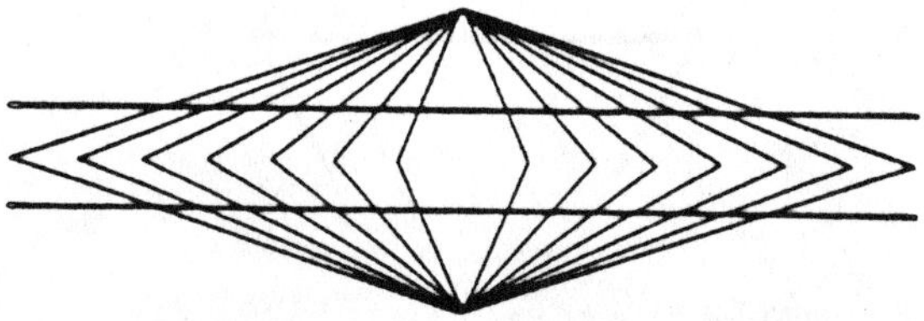

Abb. 49

d) Ehrenstein'sche Täuschung (1925)

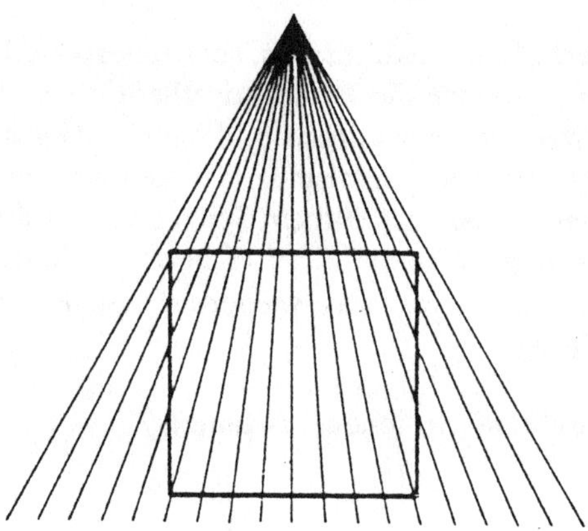

Abb. 50

2. Ohne Hintergrund wirkende Täuschungen

a) Müller-Lyer'sche Täuschung

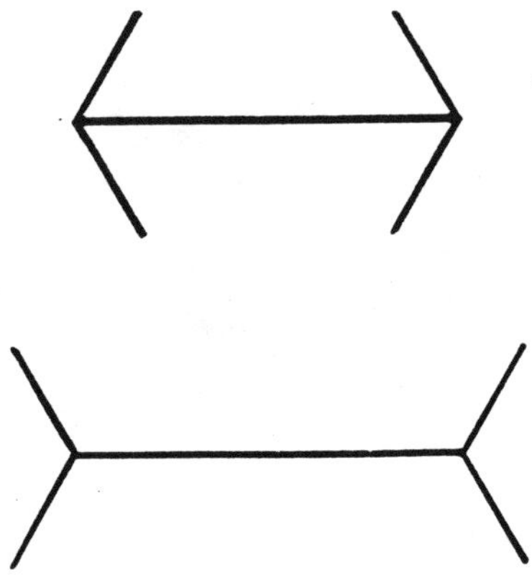

Abb. 51

Der Pfeil mit den nach außen gerichteten Spitzen erscheint länger als der tatsächlich gleich lange Pfeil mit den nach innen gerichteten Spitzen.

Erklärungsversuch: Unter zahlreichen, sehr unterschiedlichen Erklärungsansätzen wird immer wieder die Perspektivetheorie von TAUSCH (1954) zitiert. Nach dieser werden die Figuren dreidimensional gesehen, und der einsetzenden Größenkonstanzmechanismus läßt den scheinbar weiter entfernten Pfeil mit den nach außen gerichteten Spitzen größer erscheinen.
Anmerkung: Allerdings kommt diese Täuschung auch in der Haptik (Tastwahrnehmung) zustande, was wiederum der Perspektivetheorie von TAUSCH widerspricht.

b) Ponzo'sche Täuschung (Schienentäuschung)

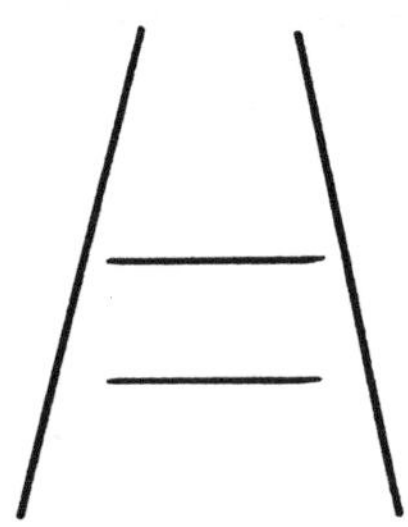

Abb. 52

Die obere horizontale Linie erscheint länger als die tatsächlich gleich lange untere.

Erklärungsversuch: Die beiden Diagonalen werden als tiefensuggerierende Parallelen gesehen, wodurch wiederum der einsetzende Größenkonstanzmechanismus die scheinbar weiter entfernte Linie länger erscheinen läßt.

c) Sander'sches Parallelogramm

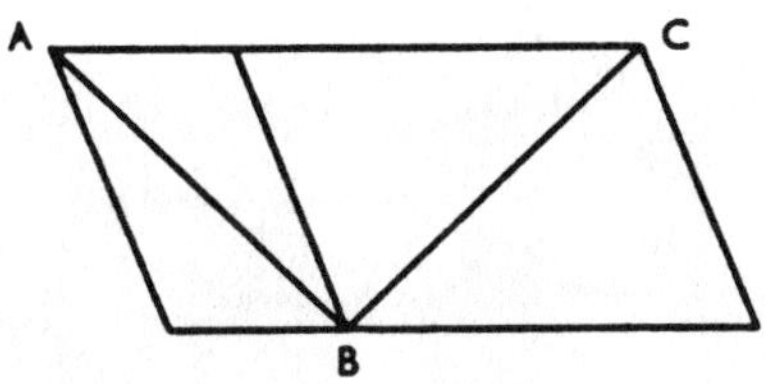

Abb. 53

Die Diagonale AB erscheint subjektiv kürzer als die objektiv gleich lange Diagonale BC.

Erklärungsversuch: Gestaltpsychologischer Ansatz: Die beiden Diagonalen gehören zu verschieden großen Teilparallelogrammen. Die Größe des jeweiligen Teilparallelogramms (die Größe des Gestaltganzen) beeinflußt die Längenwahrnehmung der Diagonalen (die Größe des Einzelnen). Daher erscheint die Diagonale des größeren Teilparallelogramms länger als die Diagonale des kleineren.

d) Zöllner'sche Täuschung

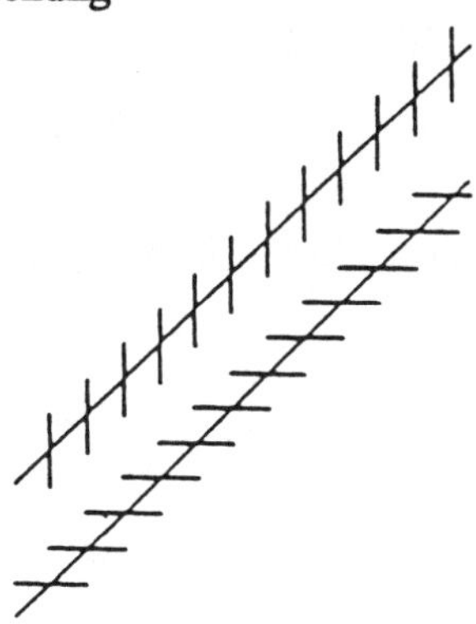

Abb. 54

Gegenläufig schraffierte Parallelen scheinen ihre Parallelität zu verlieren.

e) Poggendorf'sche Täuschung

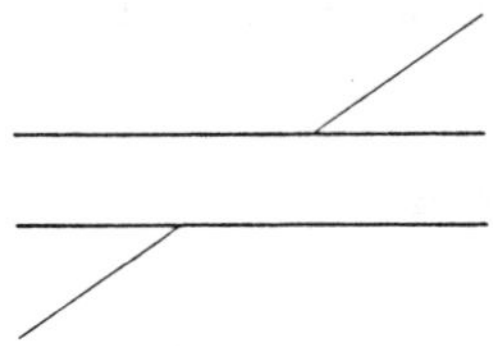

Abb. 55

Die Linie wird scheinbar versetzt.

f) Oppel'sche Vertikaltäuschung

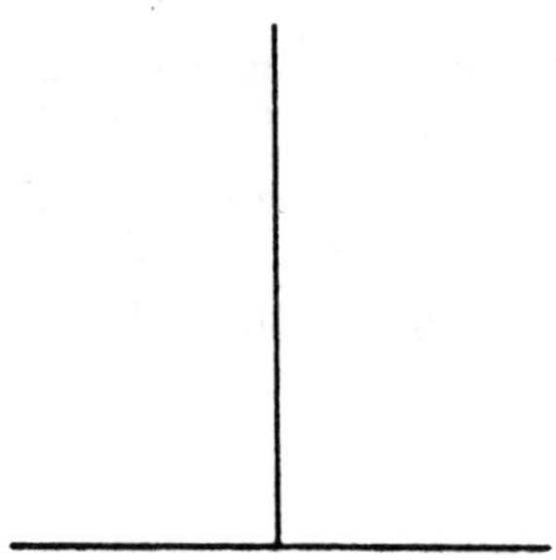

Abb. 56

Die Vertikale erscheint länger als die objektiv gleich lange Horizontale.

II. STÖRENDE BILDMUSTER

Abb. 57

Ein längeres Betrachten dieser Bildmuster wird als störend empfunden und verursacht Bewegungseindrücke als auch Bewegungsnachbilder.

III. UMSPRINGBILDER

(Synonyme: Umschlagfigur, Kippfigur, Reversionsfigur)

Umspringbilder sind mehrdeutige Reizvorlagen. Das heißt, sie lassen mehrere Wahrnehmungsmöglichkeiten zu, wobei für die wahrzunehmende Alternative die erfahrungsbedingte Einstellung ausschlaggebend ist. (Diese Einstellung kann im Experiment auch vom Vl manipuliert werden.)

Beispiele:
- "Junge Frau - altes Weib"

Abb. 58

Die Nasenspitze der alten Frau ist gleichzeitig das Kinn der jungen.

- Necker'sche Würfel

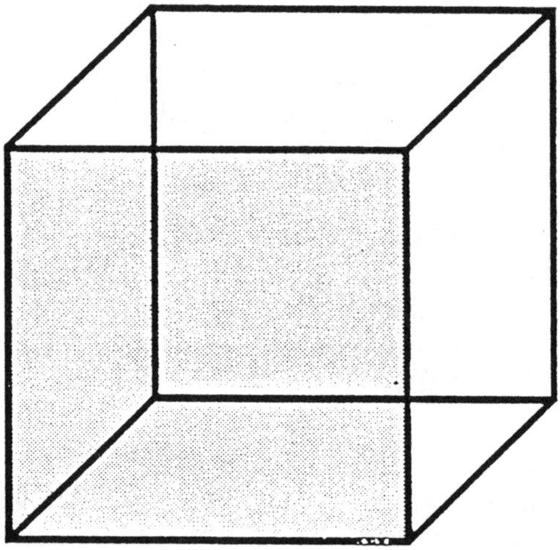

Abb. 59

Die gerasterte Fläche scheint mal vorne und mal hinten zu liegen.

- Schröder'sche Treppe

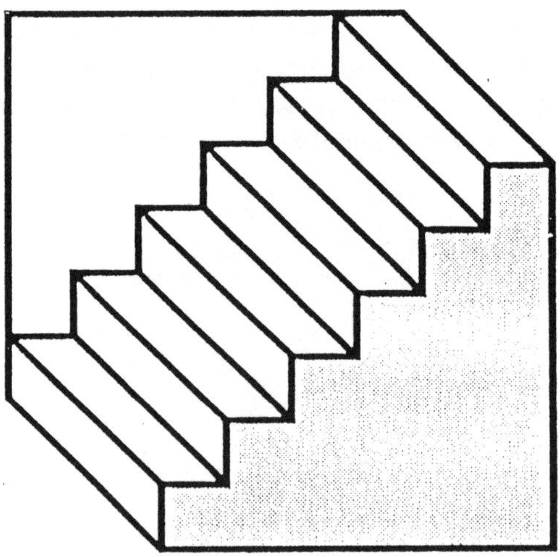

Abb. 60

Man kann entweder eine "normale" Treppe oder eine überhängende Treppe wahrnehmen.

- "Buchrücken"

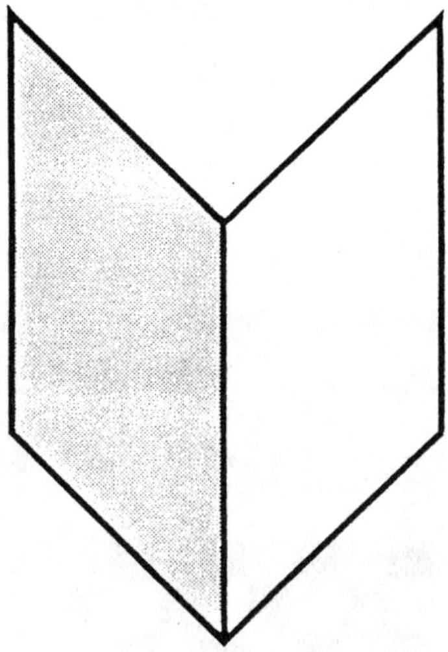

Abb. 61

Mal ist die Innenseite des "Buchrückens" eines "aufgeklappten Buches" zu sehen, mal die Außenseite.

- Pokal - zwei Gesichter

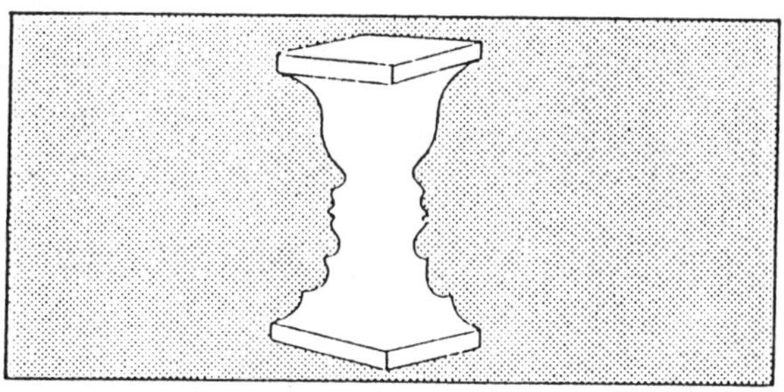

Abb. 62

- Sitzende Frau - grämliches Männergesicht

Abb. 63

- Schachbrett

Abb. 64

Man kann die weißen oder die schwarzen Felder als Hintergrund sehen.

- Schräges Kreuz - aufrechtes Kreuz

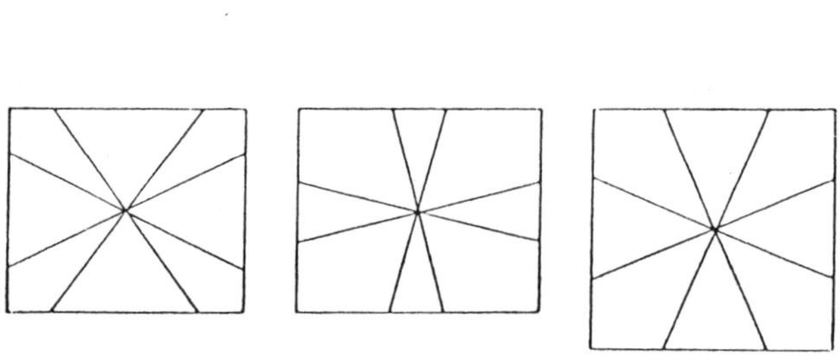

Abb. 65

IV. UNMÖGLICHE FIGUREN

Unmögliche Figuren können zwar gezeichnet, niemals jedoch könnten sie konstruiert werden, denn der Effekt wird durch das Anwenden unvereinbarer Tiefencues in der Zweidimensionalität erzielt.

Beispiele:

Abb. 66

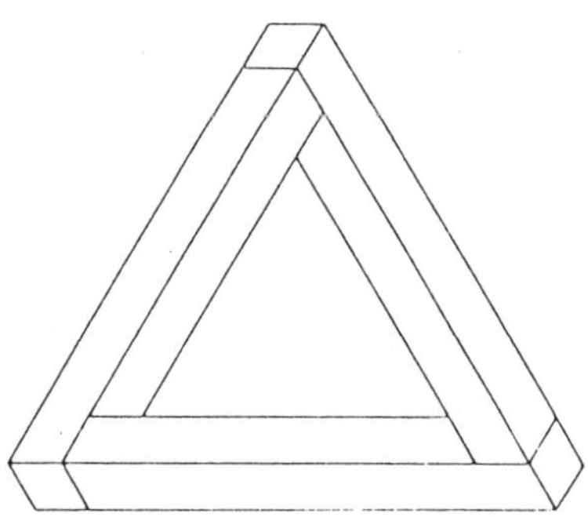

Abb. 67

V. POSITIVES NACHBILD

Deskription: Es besteht der optische Eindruck von einem Reiz (z.B. Lichtblitz), obwohl dieser bereits verschwunden ist. Als positiv wird dieses Nachbild deshalb bezeichnet, weil es - in Gegensatz zum negativen Nachbild (Seite 101) - in derselben Farbe erscheint wie der Reiz.

Erklärung: Die Erregung der Retina und des Sehnervs ist von längerer Dauer als der Reiz selbst.

AKUSTIK

A OHR UND GEHIRN

I. AUFBAU DES GEHÖRAPPARATES

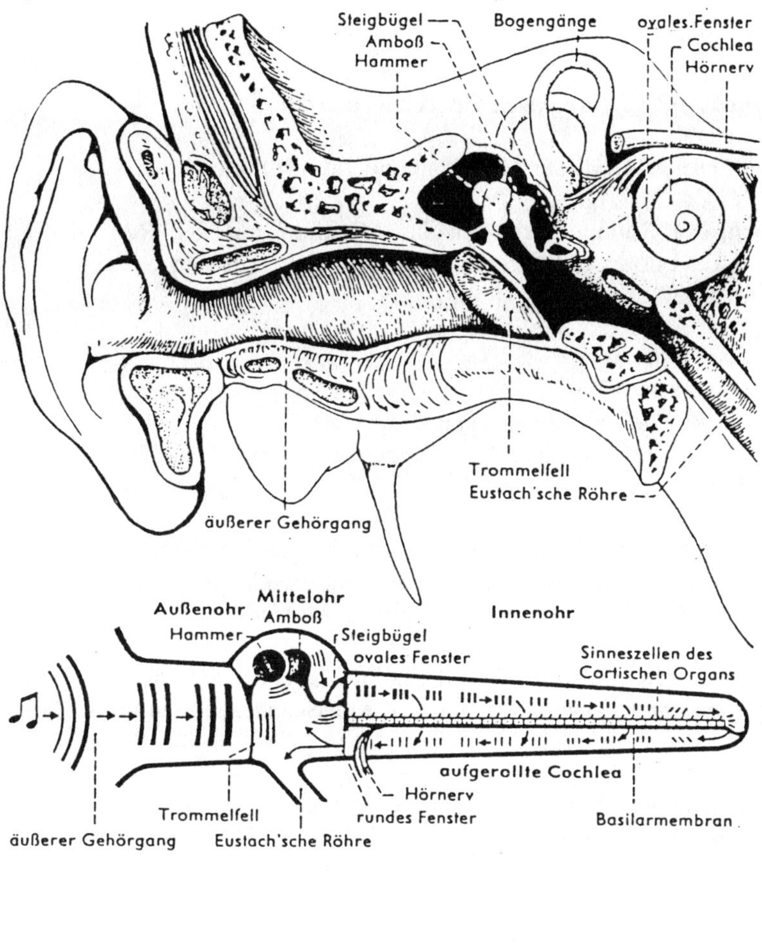

Abb. 68

Außenohr

Ohrmuschel: fängt die Schallwellen auf

Gehörgang

Trommelfell: An dieser straff gespannten Membran endet das Außenohr.

Mittelohr

Hammer, Amboß, Steigbügel: Gehörknöchelchen

Ovales Fenster: An dieser Membran endet das Mittelohr.

Eustachische Röhre: Verbindet das Mittelohr mit der Rachenhöhle und gleicht die Luftdruckunterschiede zwischen den beiden Seiten des Trommelfells aus.

Innenohr

Bogengänge: Gleichgewichtsorgan
Schnecke (Cochlea): besteht aus Knochen, Knorpeln und Haut und ist spiralförmig.

Ductus cochlearis: Der mit der Endolymphe gefüllte Ductus cochlearis teilt die Cochlea in zwei Räume, die am Schneckenende (Helikotrema) in offener Verbindung stehen und mit Perilymphe erfüllt sind.

Basiliarmembran: Als eine Wand des Ductus cochlearis zieht sie sich durch das ganze Schneckengehäuse und wird zum Schneckenende hin schlaffer und dicker.

Cortisches Organ: System der Sinneszellen (Rezeptoren) mit feinsten Härchen, welches sich auf der Basiliarmembran befindet. Hier wird der hydraulische Druck in elektrische Impulse umgewandelt.

II. HÖRVORGANG UND HÖRBAHN

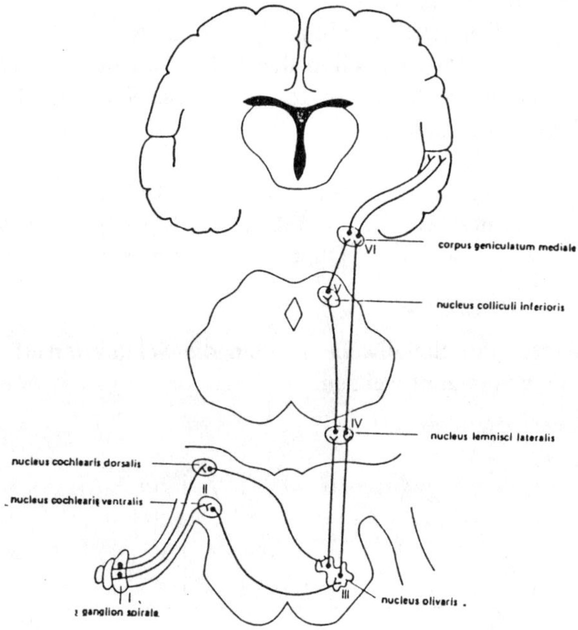

Abb. 69

Die Luftschallwellen bringen das Trommelfell zum Schwingen. Diese mechanischen Schwingungen werden auf die Gehörknöchelchen im Mittelohr (Hammer, Amboß, Steigbügel) und von dort über das ovale Fenster auf die Endolymphe übertragen. Mechanische Energie wird in hydraulische Druckwellen umgewandelt. Die Haarzellen des Cortischen Organs werden infolge der Endolymphbewegungen von den Basiliarmembranschwingungen gereizt, wodurch die hydraulischen Druckwellen in elektrische Impulse umgewandelt werden. Diese werden von den Nervenzellen des Gehörnervs weitergeleitet und gelangen über viele Schaltstellen zu den kortikalen Endstellen im Schläfenlappen.

B SCHALL

Der Reiz in der akustischen Wahrnehmung ist der Schall. Der Schall ist eine Druckwelle, ausgelöst von schwingenden Festkörpern, Flüssigkeiten oder Gasen. Diese Druckwelle kann nicht nur von diesen drei Medienarten ausgelöst werden, sondern kann sich auch in allen drei Arten fortpflanzen, wobei der Luftschall - eine sich in Luft fortpflanzende Luftwelle - der für uns am häufigsten auftretende ist.

Die *Schallgeschwindigkeit* ist abhängig von der Art des Mediums und dessen Temperatur. Festkörper leiten den Schall mit der höchsten, Gase mit der geringsten Geschwindigkeit weiter, wobei die Schallgeschwindigkeit mit steigender Temperatur zunimmt.

Beispiele für Schallgeschwindigkeiten (STEVENS, 1970):
Luft: 20^0C v = 343 m/sec, 0^0C v = 331 m/sec, 100^0C v = 386 m/sec;
Wasser (20^0C) v = 1480 m/sec, Quarz v = 5500 m/sec, Stahl v = 6100 m/sec;

Als Parameter der Schallwelle können die Schallintensität(-stärke) und die Schallfrequenz genannt werden.

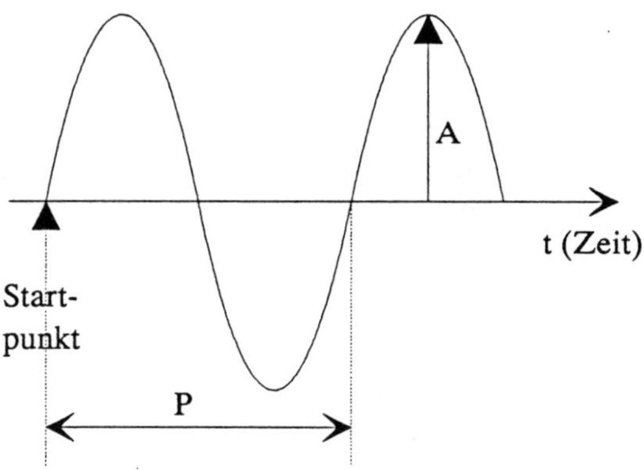

Abb. 70

P ..... Periode; eine Wellenlänge
A..... Amplitude

Die *Schallintensität* spiegelt sich in der Amplitude wider, die *Schallfrequenz* entspricht der Anzahl der Perioden in einer Sekunde [ein Hertz (Hz) = eine Periode in einer Sekunde]. Im Erlebnisbereich ist die Lautstärke Ausdruck für die Schallintensität, die Tonhöhe Ausdruck für die Schallfrequenz.

Zu unterscheiden ist zwischen Schalleistung, Schalldruck und Schallintensität.

Schalleistung (N): Ist die von der Schallquelle ausgestrahlte Leistung.

Schalldruck (p): ist der infolge der Schalleistung entstehende Druck.

$$N = p^2 \quad \frac{N_1}{N_2} = \frac{p_1^2}{p_2^2}$$

Einheit: Pascal (1 Pa = ein Druck von 1 Newton auf $1m^2$)

Schallintensität (J): Ist die durch eine zur Fortpflanzungsrichtung senkrecht stehende Flächeneinheit hindurchtretende Leistung.
Einheit: Watt (W) / m^2

C HÖRTHEORIEN

I. HELMHOLTZ'SCHE RESONANZTHEORIE (EINORTS-THEORIE)

HELMHOLTZ vertrat die Auffassung, daß je nach Schallfrequenz die Basiliarmembran an einem bestimmten Ort zu schwingen beginnt, und dadurch Tonhöhendifferenzierungen ermöglicht werden (entspricht einer Frequenzanalyse durch Resonanz). Diese Theorie gilt u.a. deshalb als widerlegt, da gezeigt werden konnte, daß die Basiliarmembran nicht gespannt ist und damit eine Resonanz unmöglich wird.

II. WANDERWELLENTHEORIE (DISPERSIONSTHEORIE) VON GEORG VON BEKESY & O.F. RANKE

Nach dieser Theorie streicht der Basiliarmembran eine Welle entlang, die je nach Schallfrequenz an einer bestimmten Stelle der Membran ihr Amplitudenmaximum hat. Entscheidend für die Tonhöhe ist demnach der Ort des Amplitudenmaximums, wobei BEKESY herausfand, daß dieser Ort bei hohen Tönen am Anfang der Basiliarmembran (in der Nähe des Steigbügels) und bei tiefen Tönen am Ende zu liegen kommt.

D TONHÖHE

Die Tonhöhe ist von der Schallwellenfrequenz abhängig. Je höher die Frequenz, desto höher der Ton und vice versa.

Qualitätsschwelle

Die Qualitätsschwellen bei der Tonhöhenwahrnehmung liegen bei ca. 16 Hz (entspricht dem tiefsten Ton) und ca. 20.000 Hz (entspricht dem höchsten Ton). Die Empfindlichkeit für hohe Töne sinkt ca. mit dem 30. Lebensjahr zusehends, das heißt, der Frequenzbereich wird mit zunehmendem Alter schmäler.

Infraschall - Hörschall - Ultraschall

Sowohl der Infra- als auch der Ultraschall sind unhörbarer Schall, da mit Infraschall jener unter 16 Hz und mit Ultraschall jener über 20.000 Hz (20 kHz) gemeint ist. Sie liegen außerhalb der Qualitätsschwellen, während der Hörschall dazwischen zu liegen kommt.

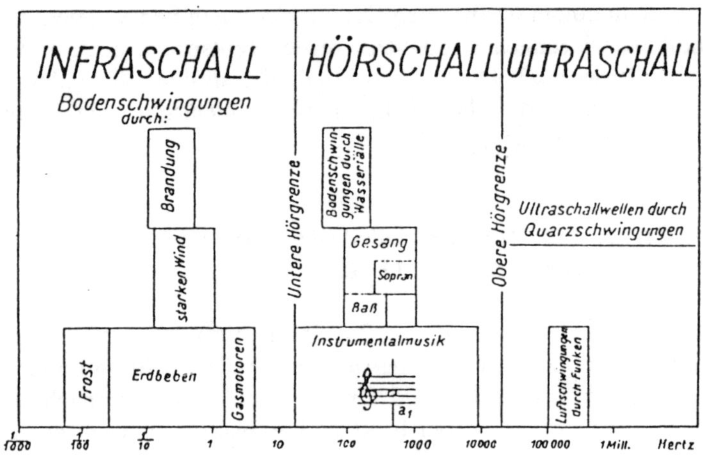

Abb. 71

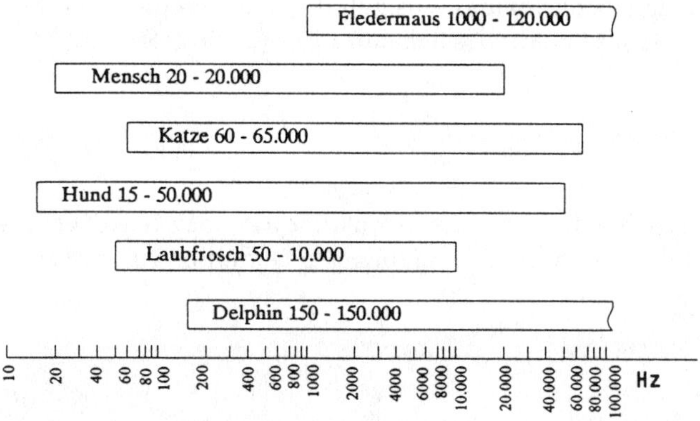

Abb. 72

Mel - Tonhöhenskala

Sie ist eine - mittels psychophysischer Methoden gewonnene - subjektive Tonhöhenskala. Für die jeweilige Vp sind die - von ihr nach der Tonhöhe gereihten - Töne auf der von ihr produzierten Tonhöhenskala (Tonleiter) gleich weit voneinander entfernt. Als Maßeinheit wurde Mel (von "Melodie") definiert. Ein Mel entspricht der absoluten Unterschiedsschwelle für Tonhöhen, also demjenigen Betrag, um welchen ein Ton mit bestimmter Höhe verändert werden muß, damit der Vergleichsreiz als eben merklich höher empfunden wird.

Beispiel:
Ankerreiz = 1000 Hz
Absolute Unterschiedsschwelle = 3 Hz = 1 Mel
Ankerreiz = 10.000 Hz
Absolute Unterschiedsschwelle = 20 Hz = 1 Mel

Anmerkungen:

Ein Ton mit 1000 Hz und 40 dB hat 1000 Mel.

Die Oktaven im oberen Tonhöhenbereich werden auch als breiter empfunden, da eine Oktave rund um das mittlere c 200 Mel, eine Oktave im oberen Tonhöhenbereich 700 Mel umfaßt (STEVENS, 1970).

E LAUTSTÄRKE

Ausschlaggebend für das Ausmaß der Lautstärke ist die Schallintensität (J), welche dem Quadrat des Schalldruckes (p) proportional ist.

$$\frac{J_1}{J_2} = \frac{p_1^2}{p_2^2}$$

Da der Schalldruck in der Amplitude (A) der Schallwelle seinen Ausdruck findet, ist manchmal auch folgende Definition zu finden:

$$\frac{J_1}{J_2} = \frac{A_1^2}{A_2^2}$$

I. LAUTSTÄRKENMESSUNG

1. Schallpegel (L) - Dezibelskala

Bei der Schallpegelmessung erfolgt eine praktische Anwendung des Fechner'schen Gesetzes:

$$R = \log\left(\frac{S}{S_0}\right),$$

wobei der Reaktion R die Lautstärke , genauer der Schallpegel L, und dem Reiz die Schallintensität J bezogen auf einen international vereinbarten Bezugswert J_0 entspricht.

$$L = \log \frac{J}{J_0} \text{ Bel}$$

$$\boxed{L = 10 \log \frac{J}{J_0} \text{ db}}$$

(1 Dezibel = 1 dB = 1/10 Bel)

L ..... Schallpegel
J ...... gemessene Schallintensität (W/m^2)
J_0 .... Schallintensität an der Hörschwelle im mittleren Frequenzbereich $J_0 = 10^{-12}\ W/m^2$

Gemessen wird der Schallpegel in Bel bzw. Dezibel (dB) zu Ehren von Alexander Graham BELL (1847-1922) dem Erfinder des Telefons, wobei ein Bel 10 dB entspricht.

Wird anstatt der Schallintensität J der Schalldruck p bzw. die Amplitude A in die obige Formel eingesetzt, erhalten wir aufgrund des erwähnten Zusammenhanges folgende Definitionen:

$$L = \frac{10 \log p^2}{p_0^2} = 10 \log(p/p_0)^2 = 20 \log \frac{p}{p_0} \text{ dB}$$

$$L = \frac{10 \log A^2}{A_0^2} = 10 \log(A/A_0)^2 = 20 \log \frac{A}{A_0} \text{ dB}$$

Einige dB-Angaben aus der Praxis:

db	
20	Blätterrascheln
60-80	normale Unterhaltung
120	Donner
über 130	schmerzhafter Schall
160	Düsenflugzeug (kann das Trommelfell zerfetzen oder das Cortische Organ beschädigen)
180	Rakete in 50m Entfernung

Hörschwelle - Schmerzschwelle

Die *Hörschwelle* - jene Schwelle, an welcher der Ton eben hörbar wird - ist frequenzabhängig, da unterschiedliche Frequenzen trotz gleicher dB-Anzahl als verschieden laut empfunden werden. Den Hörschwellenverlauf über die Frequenzen hinweg skizziert die folgende Graphik:

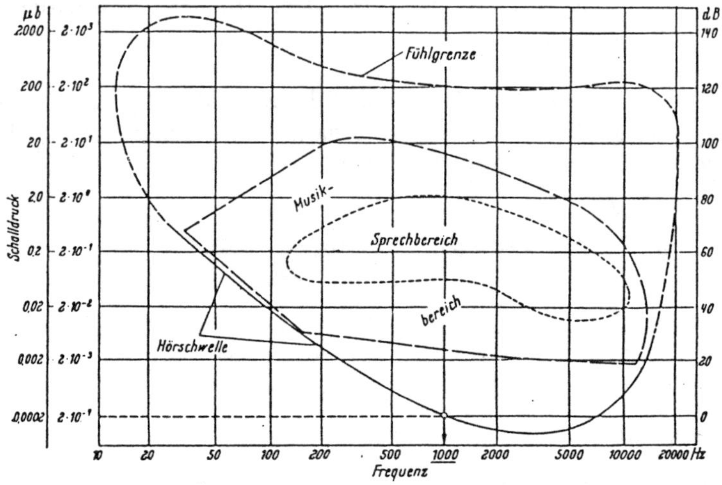

Abb. 73

Die Abhängigkeit der Hörschwelle vom biologischen Alter soll mit dieser Graphik veranschaulicht werden:

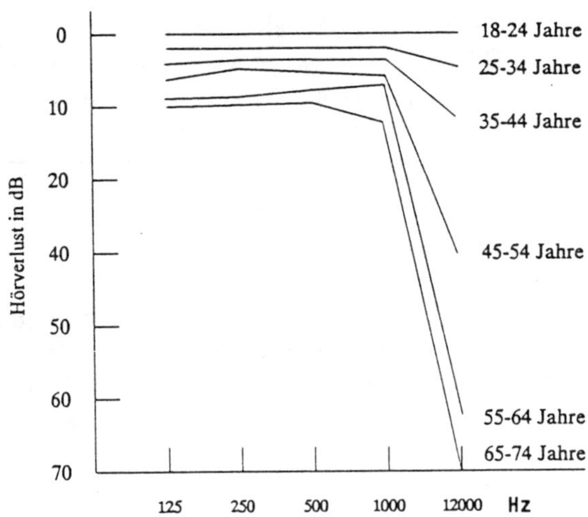

Abb. 74

Die *Schmerzschwelle* - jene Schwelle, an welcher der Ton eben physisch schmerzhaft wird - ist ebenfalls frequenzabhängig.

2. Lautstärkepegel - Phon-Skala

Wie bereits erwähnt, ist die Lautstärke eines Tones frequenzabhängig. Diesem Phänomen trägt die Dezibel-Skala nicht Rechnung, schon hingegen die Phon-Skala.

Ein Ton hat dann einen Lautstärkepegel von n phon, wenn dieser von der Vp als gleich laut empfunden wird wie ein 1.000 Hz Ton mit n dB. Das heißt, es wird der 1.000 Hz Ton als Bezugsreiz herangezogen: Bei 1.000 Hz Tönen stimmt die dB-Anzahl immer mit der phon-Anzahl überein; bei einem nicht-1.000 Hz Ton resultiert die phon-Anzahl aus dem Vergleich mit dem 1.000 Hz Ton.

Beispiel: Wird ein Ton mit 8.000 Hz gleich laut empfunden wie der 1.000 Hz Ton bei 20 dB, so hat der 8.000 Hz Ton einen Lautstärkepegel von 20 phon.

Isophonkurven (Kurven gleicher Lautstärkepegels)

Alle frequenzverschiedenen Töne, welche auf derselben Kurve liegen, haben gleich viel phon und damit den gleichen Lautstärkepegel.

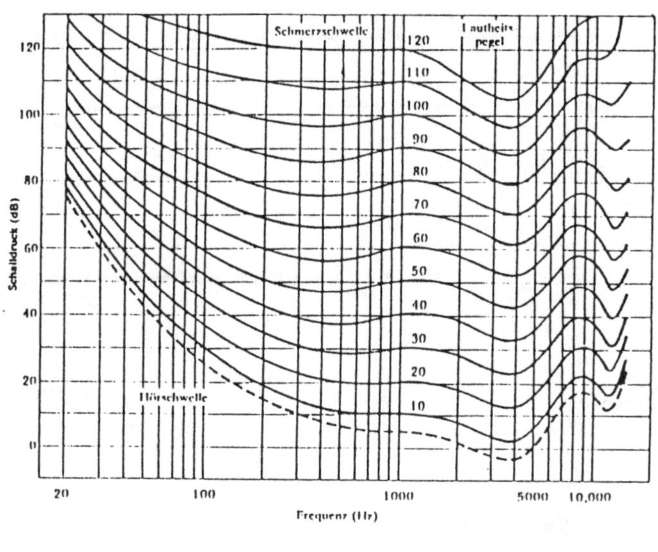

Abb. 75

Diese Isophonkurven sind interindividuell verschieden und können pro Vp erstellt werden, die obige Graphik zeigt jedoch über viele Vpn gemittelte Isophonkurven.

Bewerteter Schallpegel

Es gibt Schallpegelmesser, welche Frequenzbewertungen im Sinne der Isophonkurven mittels sog. Bewertungsfilter vornehmen. Es gibt im wesentlichen drei Bewertungsfilter (A-, B- und C-Filter), die sich darin unterscheiden, daß sie Frequenzen unterschiedlich stark bewerten (dämpfen). Jeder Filter hat eine eigene Dämpfungskurve. Die Dämpfungskurve des A-Filters entspricht der umgekehrten 30-phon-Kurve und die des B-Filters der umgekehrten 90-phon-Kurve.

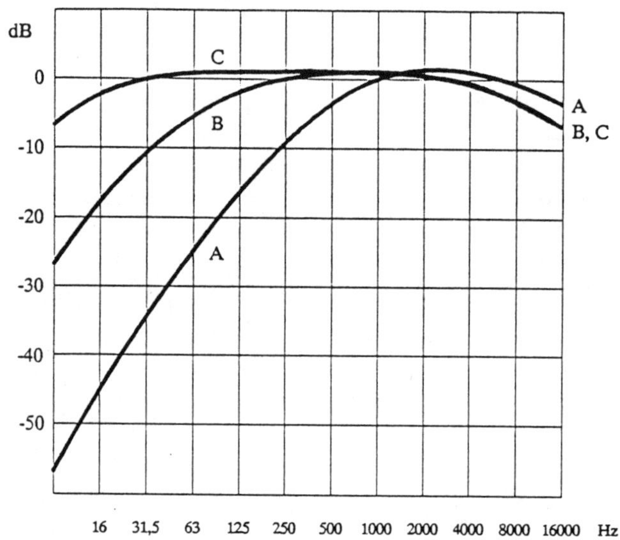

Abb. 76

Das Meßergebnis wird je nach verwendetem Filter mit dB (A), dB (B) bzw. dB (C) angegeben, wobei der A-Filter der meist verwendete ist.

Beispiel für A-Schallpegel (LA): Ein 31,5 Hz Ton wird vom A-Filter um 40 dB gedämpft, sodaß der Schallpegelmesser sowohl beim 31.5 Hz Ton mit 70 dB als auch beim 1.000 Hz Ton mit 30 dB den gleichen Wert liefert, nämlich 30 dB (A).

Der bewertete Schallpegel ist demnach im Vergleich zum unbewerteten viel empfindungsgetreuer, da er dem Phänomen der frequenzabhängigen Lautstärke Rechnung trägt.

3. Lautheit - Sone-Skala

Die Sone-Skala wird mittels direkter Skalierungsmethoden aufgestellt, wobei definiert wird: Ein Sone entspricht einem 1.000 Hz Ton mit 40 dB (phon).

Ein Ton hat dann die Lautheit von n Sone, wenn er als n-mal so laut wie ein 1.000 Hz Ton mit 40 dB empfunden wird. Infolge zahlreicher Versuche konnte folgender Zusammenhang gefunden werden:

sone	1	2	4	8	16	32	64	128	256	...
phon	40	50	60	70	80	90	100	110	120	...

Das heißt, ein 60-phon Ton hat die Lautheit von 4 Sone, da er als vier mal so laut empfunden wird wie der 1-Sone Ton bei 40 Phon.

II. RECHNEN MIT DEZIBEL

1. Veränderung des Schallpegels bei einer Vervielfachung der Schallintensität

Hier stellt sich die Frage: Wenn die Schallintensität J_1 um das g-fache zu J_2 vervielfacht wird, um wieviel dB unterscheidet sich dann der neue Schallpegel L_2 vom alten Schallpegel L_1? Mathematisch formuliert:

$J_2 = g\, J_1$
$L_2 = L_1 + x \text{ dB}$
$x = ?$

J ...... Schallintensität
L ..... Schallpegel
g...... Bewertungsfaktor (Schallintensitätsverhältnis) und Zeitfaktor (siehe Beispiel f und g)

Beispiele:

Zur Lösung der Problemstellungen ist die im Anhang abgebildete Tabelle 2, welche den Zusammenhang zwischen g und db darstellt, heranzuziehen. Die Tabelle erspart uns Rechenschritte und ist folgendermaßen zu gebrauchen: Man sucht das interessierende g, um die in derselben Zeile stehende dB-Anzahl abzulesen. Ist das g nicht explizit angeführt, sind die Grenzen, innerhalb welcher es sich befindet, zu suchen und das zwischen diesen Grenzen angeführte g heranzuziehen (z.B. g = 9,9 befindet sich zwischen 8,91 und 11,2, daher ist dB = 10 relevant).

a) Die Schallintensität wird verdoppelt, um wieviel dB steigt der Schallpegel?

$J_2 = 2\,J_1$ $\quad g = 2$
$L_2 = L_1 + x$ dB
$x = ?$

Lösung: Der Schallpegel L_2 steigt um 3 dB, da log 2 = 0,3 Bel und 0,3 Bel mal 10 = 3 dB.
x = 3 dB
Tabelle: g=2 entspricht 3 dB

b) Die Schallintensität wird verfünffacht, um wieviel dB steigt der Schallpegel?

$J_2 = 5\,J_1$ $\quad g = 5$
$L_2 = L_1 + x$ dB
$x = ?$

Lösung: Der Schallpegel steigt um 7 dB, da log 5 = 0,7 Bel und 0,7 mal 10 = 7 dB.
Tabelle: g=5 entspricht 7 dB

c) Die Schallintensität wird um 1/13 verringert, um wieviel db sinkt der Schallpegel?

$J_1 = 13\,J_2$ $\quad g = 13$
$L_2 = L_1 - x$ dB
$x = ?$

Lösung: Der Schallpegel sinkt um 11 dB, da log 13 = 1.11 Bel und 1.11 mal 10 = 11 dB. Tabelle: g=13 entspricht 11 dB

d) Ein Gerät läuft mit 60 dB. Wie hoch ist der Schallpegel, wenn 15 Geräte á 60 dB laufen?

$J_2 = 15\,J_1$ $\qquad$ $g = 15$
$L_2 = L_1 + x\,dB$
$x = ?$

Lösung: Der Schallpegel steigt um 12 dB (g = 15; liegt zwischen 14,1 und 17,8; daraus folgt g = 16 und die dazugehörigen 12 dB) und beträgt daher 72 dB (60 dB + 12 dB).

e) Der Schallpegel von 64 Geräten beträgt 95 dB. Wieviele Geräte müßten abgeschaltet werden, damit ein Schallpegel von 80 dB gemessen wird?

Lösung: Die Pegeldifferenz beträgt 15 dB. 15 dB entspricht einem g von 32, d.h., es dürften nur 1/32 aller Geräte laufen, also nur 2, und daher müßten 62 Geräte abgeschaltet werden.

f) Bei einem Gerät werden 70 dB gemessen. Es läuft 6 Stunden lang. Wie lange dürfte ein Gerät mit 76 dB laufen, soll die Belastung gleich groß gehalten werden?

Lösung: Pegeldifferenz = 6 dB. 6 dB entspricht einem g von 4, d.h., das Gerät mit 76 dB dürfte nur ein Viertel der Zeit (90 Minuten) in Betrieb genommen werden.

g) Ein Gerät läuft mit 85 dB 8 Stunden lang. Wieviel dB darf ein Gerät aufweisen, welches nur 6 Stunden läuft, um die Belastung gleich groß zu halten?

Lösung: g = 8 Stunden/6 Stunden = 1,33
Einem g von 1,33 entspricht 1 dB.
D.h., bei diesem Gerät dürften 86 dB gemessen werden.

2. Addition zeitlich konstanter, ungleicher Schallpegel

Beispiele:

a)
L_1 = 85 dB
L_2 = 76 dB
$L_1 + L_2$ = ?

Zur Lösung dieser Aufgabe wählt man zunächst einen willkürlichen Bezugspegel L_0 (z.B. L_0 = 70 dB) und bildet die Differenzen zwischen L_1 und L_0 sowie L_2 und L_0.
$L_1 - L_0$ = 15 dB
$L_2 - L_0$ = 6 dB

Der nächste Schritt ist das Ablesen der zu diesen Differenzen gehörigen g-Werte anhand der Tabelle und deren Summierung.

15 dB -> g_1 = 32
6 dB -> g_2 = 4
$g_1 + g_2$ = 36

Diesem neuen g-Wert entspricht wiederum eine bestimmte dB-Anzahl in der Tabelle.
g = 36 (zwischen 35.5. und 44.7) -> 16 dB

Der letzte Schritt besteht in der Summierung dieses dB-Wertes mit dem Bezugspegel.

70 dB + 16 dB = 86 dB

Lösung: 85 dB + 76 dB = 86 dB

b)
L_1 = 73 dB
L_2 = 83 dB
L_3 = 80 dB

$L_1 + L_2 + L_3$ = ?

Rechenschritte: Der Bezugspegel L_0 ist 70 dB
$L_1 - L_0 = 3$ dB -> $g_1 = 2$
$L_2 - L_0 = 13$ dB -> $g_2 = 20$
$L_3 - L_0 = 10$ dB -> $g_3 = 10$

$g_1 + g_2 + g_3 = 32$

g = 32 -> 15 dB

70 dB + 15 dB = 85 dB

Lösung: 73 dB + 83 dB + 80 dB = 85 dB

F KLANGFARBE

Ein Klang setzt sich aus einer Summe von einfachen Sinusschwingungen (Teiltönen) zusammen. Der tiefste Teilton, der Grundton, gibt die Tonhöhe an, die höheren Teiltöne, die Obertöne, bestimmen wesentlich die Klangfarbe mit. Die Klangfarbe verrät dem Wahrnehmenden zum Beispiel, welches Musikinstrument oder welche Stimme er vernimmt. Sie resultiert u.a. aus
- der Anzahl der Obertöne,
- der Art der Obertöne (Frequenz und Lautstärke) und
- dem zeitlichen Verlauf der einzelnen Obertöne, denn nicht alle Teiltöne beginnen und enden abrupt und gleichzeitig.

G RAUSCHEN - GERÄUSCH - LÄRM

Ton und Klang

Das Wort "Ton" wird umgangssprachlich anstelle des Wortes "Klang" verwendet. Was mit Ton bezeichnet wird, ist eigentlich ein Klang. So ist z.B. jeder einzelne, von einem Musikinstrument erzeugte "Ton" eigentlich ein Klang. Ein Klang ist die Summe einfacher Sinusschwingungen, wobei jede Sinusschwingung ein Ton (Teilton) ist. Der Tiefste bildet den Grundton, die restlichen sind sog. Obertöne, welche hinsichtlich der Frequenz in einem gesetzmäßigen Zusammenhang mit dem Grundton stehen. Ein Ton, eine einzelne Sinusschwingung, kann nur elektronisch (z.B. Sinustongenerator) erzeugt werden.

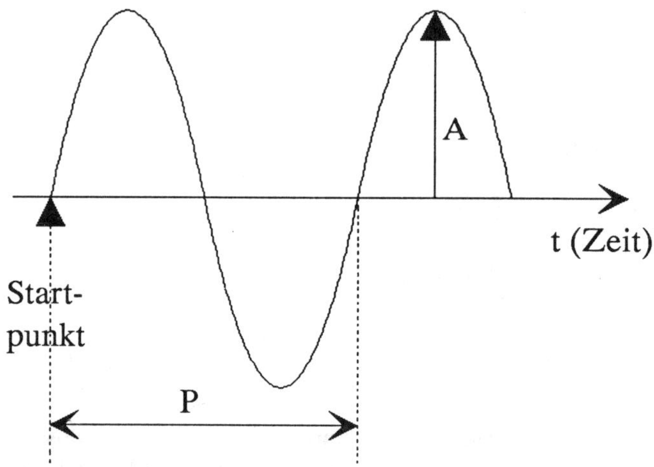

Abb. 77 Eine Sinusschwingung

Geräusch

Ein Geräusch ist die Summe einfacher Sinusschwingungen, wobei die Teiltöne in keinem gesetzmäßigen Verhältnis zueinander stehen.

Weißes Rauschen

Vom weißen Rauschen spricht man, wenn so gut wie jede Frequenz innerhalb der Teiltöne vorkommt. Das Resultat ist mit einem Wasserfallrauschen zu vergleichen, die Bezeichnung "weiß" wird der Optik entlehnt, da bei der Sehempfindung "weiß" das Licht ebenfalls alle Frequenzen enthält.

Lärm

Lärm kann nur psychologisch definiert werden: Lärm ist störender oder schädigender Schall.

H STEREOPHONISCHES HÖREN

Das binaurale (beidohrige) Hören trägt wie das binokulare (zweiäugige) Sehen entscheidend zum Zurechtfinden in der Dreidimensionalität bei.

I. RICHTUNGSHÖREN

Drei Kriterien ermöglichen die akustische Lokalisation, d.h., das Herausfinden der Richtung, aus welcher die Schallquelle stammt.

1. Zeitunterschied

Liegt die Schallquelle nicht genau vor, hinter, oder unter der Vp, treffen die Schallwellen um einen minimalen, aber ausreichenden Zeitbetrag (30 Millionstel einer Sekunde reichen aus) verspätet auf eines der beiden Ohren, wobei gilt: je seitlicher die Schallquelle, desto größer die Zeitdifferenz.

2. Phasenunterschied

Eine seitlich eintreffende Schallwelle wird auch mit einer bestimmten Phasenverschobenheit - einem weiteren Hinweis - die beiden Ohren erreichen.

3. Lautstärkenunterschied

Das der Schallquelle zugewandte Ohr erfährt einen lauteren Schallreiz als das abgewandte (bis zu 30 dB bei 10.000 Hz, 8 dB bei 1.000 Hz).

Für alle drei Kriterien gilt, daß die Kopfbewegung bei der Lokalisation der Schallquelle mitverrechnet wird. Die meist unbewußte und minimal erfolgende Kopfdrehung hat den Zweck, die oben genannten Kriterien zur Wirkung zu bringen und dadurch zu nützen.

II. ENTFERNUNGSHÖREN

Zur Entfernungsschätzung dienen dem Hörenden folgende Kriterien:

1. Lautstärkenveränderung

Je entfernter die Schallquelle, desto leiser erfährt man einen Schallreiz.

2. Lautstärkendifferenz

Je entfernter die Schallquelle, desto geringer der Intensitätsunterschied zwischen den beiden Ohren.

3. Widerhall

Je entfernter eine Schallquelle, desto stärker der Widerhall auf Grund der über den Weg hinweg steigenden Anzahl der reflektierten Wellen.

4. Klangveränderung

Mit zunehmender Entfernung gehen Obertöne verloren.

INFORMATIONSTHEORIE

Information bedeutet, daß wir etwas Neues erfahren. Wenn wir von einer Person, dem Sender, Auskunft über einen Sachverhalt erhalten, der uns in allen Details bekannt ist, enthält diese Auskunft für uns als Empfänger keine Information. Ist uns der Sachverhalt nicht genau bekannt, und wir erfahren ein paar neue Einzelheiten, dann enthält der Bericht für uns nur wenig Information. Wenn uns jedoch von einem Sachverhalt berichtet wird, der uns völlig unbekannt ist, dann steckt dieser Bericht voll neuer Information.

Das Anliegen der Informationstheorie ist es, das Ausmaß an Information zu messen, das in einer Nachricht enthalten ist. Wir brauchen also ein Maß der Information.

I. INFORMATIONSMAß

Das Ausmaß an Information einer Nachricht steht mit ihrer Auftrittswahrscheinlichkeit in Zusammenhang. Man kann sagen, daß eine weniger wahrscheinliche Nachricht mehr Information liefert als eine Nachricht mit höherer Auftrittswahrscheinlichkeit. Folgendes Maß gibt den Grad an Information, der in einer einzelnen Nachricht x_i enthalten ist, an:

$$H(x_i) = k \log p(x_i)$$

Das Maß $H(x_i)$ nennt man auch Informationsgehalt einer einzelnen Nachricht und ergibt für ein sicheres Ereignis den Wert $H(x_i) = 0$, da in einem solchen Ereignis keine Information enthalten ist. Für die Konstante k einigte man sich auf den Wert $k = -1$, damit die Gleichung $H(x_i) = k \log p(x_i)$ die Bedingung erfüllen kann, daß bei fallender Wahrscheinlichkeit $p(x_i)$ der Wert $H(x_i)$ zunehmend positiv wird.

Liegt aber der Fall vor, daß es sich nicht um eine einzelne Nachricht handelt, sondern um eine Nachrichtenmenge, so muß der mittlere Informationsgehalt dieser Menge bestimmt werden. Dieser wird bisweilen auch als *Entropie* bezeichnet.

Besteht diese Nachrichtenmenge aus n gleichwahrscheinlichen Nachrichten, so ist der mittlere Informationsgehalt gleich der Information einer einzigen Nachricht aus dieser Menge:

$$\bar{H}(X) = \mathrm{ld}\, n$$

Sind die einzelnen Nachrichten einer Menge nicht gleich wahrscheinlich, so gilt die allgemeine Formel :

$$\bar{H}(X) = \sum_{i=1}^{n} p(x_i)\, \mathrm{ld} \frac{1}{p(x_i)}$$

Der Ausdruck ld steht hier für den binären Logarithmus, woraus folgt, daß der mittlere Informationsgehalt in bit (binary digit) ausgedrückt wird. Ein bit wurde als diejenige Informationsmenge definiert, die bei der Auswahl einer Nachricht aus zwei gleichwahrscheinlichen Alternativen besteht. Das bedeutet, daß jeder Vorgang genau 1 bit Information liefert, der die vorliegende Nachrichtenmenge in zwei gleichwahrscheinliche Teile aufteilt.

II. MAXIMALINFORMATION, RELATIVE INFORMATION UND REDUNDANZ

Die Formel H(X) = ld n gibt die *maximale Information* einer Menge wieder. Naturgemäß ergeben sich immer wieder Differenzen zwischen dem maximalen Informationsgehalt einer Menge und dem tatsächlich gemessenen Informationsgehalt. Diese Differenz, die *absolute Redundanz*, wird in bit gemessen:

$$R(X) = \bar{H}_{max}(X) - \bar{H}(X)$$

Ermitteln wir das Verhältnis zwischen maximal möglicher und gefundener Information, so erhalten wir die sogenannte *relative Entropie* (Informationsgehalt) einer Verteilung:

$$h(X) = \frac{\bar{H}(X)}{\bar{H}_{max}(X)}$$

Die *relative Redundanz* erhalten wir, wenn wir h(X) von 1 subtrahieren:

$$r(X) = 1 - \frac{\bar{H}(X)}{\bar{H}_{max}(X)}$$

III. TRANSINFORMATION UND IHRE BEZIEHUNG ZUR TOTALINFORMATION

Die Transinformation ist ein Maß, mit dem man die Möglichkeit hat anzugeben, wieviel von der vom Sender zum Empfänger übertragenen Information ohne Änderung vom Empfänger aufgenommen wurde. Dies festzustellen ist im allgemeinen nur dadurch möglich, daß man beobachtet, auf welche Reize welche Reaktionen erfolgen.

Es erhebt sich somit die Frage, wieviel von der gesendeten Information durch den Kanal geflossen ist und sich in den Reaktionen des Empfängers manifestiert. Im Fall der optimalen Reizübertragung antwortet die Versuchsperson immer und ausschließlich in der richtigen Weise. Das heißt, daß im Übertragungskanal keine Störung stattfindet. Antwortet die Versuchsperson mehrmals falsch, oder auf einzelne Reize mit mehr als einer Art von Reaktion, ist ein Teil der Information verlorengegangen und es besteht keine eindeutige Zuordnung zwischen einzelnen Reizen und den dazugehörigen Reaktionen. Daraus ergibt sich, daß man aus der Kenntnis der Reize nicht mit völliger Sicherheit die Reaktionen vorhersagen kann und umgekehrt.

Zur Untersuchung wieviel Information übertragen wurde, ist beim Beobachter ein a priori-Wissen über die Wahrscheinlichkeit der Nachrichtenklasse x_i des Senders Voraussetzung. Unser a posteriori-Wissen beziehen wir aus der Wahrscheinlichkeit, daß x_i übertragen wurde, wenn eine bestimmte Nachricht y_j beim Empfänger eingetroffen ist. Für die Einzeltransinformation eines Reizes und der dazugehörigen Reaktion gilt also:

$$H(x_i:y_i) = \mathrm{ld}\,\frac{\text{a posteriori - p für } x_i}{\text{a priori - p für } x_i} =$$

$$= \mathrm{ld}\, p_{yi}(x_i) - \mathrm{ld}\, p(x_i)$$

Ist im Kanal keine Störung vorhanden, so ist $p_{yi}(x_i) = 1$, da der Beobachter eindeutig eine empfangene Nachricht einer bestimmten gesendeten Botschaft zuordnen kann.

Die Transinformation bezeichnet somit jenen Betrag an Information, der x_i und y_j gemeinsam ist. Also jene Menge an Information, die sowohl in x_i als auch in y_j enthalten ist.

Zur Berechnung der Einzeltransinformationen müssen die Wahrscheinlichkeiten für das Auftreten der Reizklassen bekannt sein. Die Wahrscheinlichkeiten für das Auftreten zweier Reizklassen x_i einer Reizmenge seien $p(x_i) = a_1$ und $p(x_2) = a_2$.

Die Wahrscheinlichkeiten der Reaktionsklassen y_j haben die Wahrscheinlichkeiten $p(y_1) = b_1$ und $p(y_2) = b_2$.

Da diese Angaben noch keinen Aufschluß über die Zuordnung von Reizklassen zu Reaktionsklassen geben, ist eine Zuordnungsmatrix nötig, die darüber Auskunft gibt, mit welcher Wahrscheinlichkeit auf einen Reiz x_i mit der Reaktion y_i reagiert wird.

Reaktionen

		y_1	y_2	
Reize	x_1	$p_{x1}(y_1)$	$p_{x1}(y_2)$	1
	x_2	$p_{x2}(y_1)$	$p_{x2}(y_2)$	1

Diese Matrix der bedingten Wahrscheinlichkeiten $p_{xi}(y_j)$ bedeutet nun, daß auf einen Reiz x_1 in $p_{x1}(y_1)$ aller Fälle eine Reaktion y_1 erfolgte und in $p_{x1}(y_2)$ aller Fälle eine Reaktion y_2. Aus diesen Angaben lassen sich die Wahrscheinlichkeiten des gemeinsamen Auftretens der Reize x_i und der Reaktionen y_j berechnen:

$$p(x_i,y_j) = p(x_i)\, p_{xi}(y_j)$$

Im vorliegenden Beispiel berechnet man $p(x_1,y_1)$ aus $p(x_1)\, p_{x1}(y_1) = p(x_1,y_1)$. Daraus läßt sich eine sogenannte Verbundenheitsmatrix erstellen.

Reaktionen

		y_1	y_2	
Reize	x_1	$p(x_1,y_1)$	$p(x_1,y_2)$	$p(x_1)$
	x_2	$p(x_2,y_1)$	$p(x_2,y_2)$	$p(x_2)$
		$p(y_1)$	$p(y_2)$	1

In dieser Matrix entsprechen die Zeilensummen den Auftrittswahrscheinlichkeiten der Reize, die Spaltensummen denen der Reaktionen. Durch die Anwendung der folgenden Beziehung berechnen wir die Matrix der a posteriori-Wahrscheinlichkeiten.

$$p_{yj}(x_i) = \frac{p(x_i, y_j)}{p(y_j)}$$

Reaktionen

		y_1	y_2
Reize	x_1	$p_{y1}(x_1)$	$p_{y2}(x_1)$
	x_2	$p_{y1}(x_2)$	$p_{y2}(x_2)$
		1	1

Aus dieser Matrix lassen sich die Wahrscheinlichkeiten für jeden Reiz bei bekannter Reaktion ablesen. Nun kann man die vier Transinformationen bestimmen. Diese berechnen sich aus:

$$p(x1:y1) = \mathrm{ld} \frac{p_{y1}(x_1)}{p(x_1)}, \text{ usw.}$$

Es ist wichtig zu wissen, daß Einzeltransinformationen auch negativ werden können. Das ist dann möglich, wenn $p_{yi}(x_i) < p(x_i)$. Wenn also die a posteriori-Wahrscheinlichkeit einer Nachricht kleiner ist als ihre a priori-Wahrscheinlichkeit. Aus allen Transinformationen kann man nun den Erwartungswert der übertragenen Information berechnen. Da die Kombinationen von Nachrichtenklassen nicht mit gleicher Wahrscheinlichkeit auftreten und es sich um einen Mittelwert handelt, müssen die Transinformationen je nach der Wahrscheinlichkeit ihres Auftretens gewichtet werden. Daraus ergibt sich folgende Formel:

$$\bar{H}(X:Y) = \sum_{i=1}^{n} \sum_{j=1}^{m} p(x_i, y_j)\ \mathrm{ld} \frac{p(x_i, y_j)}{p(x_i)\ p(y_j)}$$

Dieser Ausdruck H(X:Y), oft auch mit T(X:Y) oder T bezeichnet, gibt jenen Informationsgehalt wieder, der der Menge aller Reize X und aller Reaktionen Y gemeinsam ist. Der berechnete mittlere Transinformationsgehalt kann im Gegensatz zur Einzeltransinformation nicht negativ werden. Er ist dann gleich null, wenn die beiden Variablen voneinander unabhängig sind.

Der *mittlere Transinformationsgehalt* ist gleich der Summe der Information der Variablen, abzüglich der Totalinformation.

$$H(X:Y) = H(X) + H(Y) - H(X,Y)$$

Die maximale Totalinformation entspricht der Summe der Information der Reizvariablen und der Reaktionsvariablen, also der Summe der Senderinformation und der Empfängerinformation.

Maximale Totalinformation:

$$H_{max}(X,Y) = H(X) + H(Y)$$

Von der maximalen Totalinformation unterscheidet man die nominell maximale Totalinformation. Diese gibt die Totalinformation der beiden Variablen bei Orthogonalität und Gleichverteilung der Randwahrscheinlichkeiten an:

$$H_{nom}(X,Y) = H_{max}(X) + H_{max}(Y)$$

Eine weitere Möglichkeit, die Transinformation zweier Variablen zu berechnen, ist die der bedingten Wahrscheinlichkeiten. Zu Beginn wird eine Matrix der bekannten Transinformationen erstellt. Aus dieser Matrix kann man die Wahrscheinlichkeit für das Auftreten eines einzelnen Reizes, bei einer gegebenen Reaktion, berechnen.

Aus dieser Matrix $p_{yj}(x_i)$, die schon im vorangegangenen Kapitel behandelt wurde, läßt sich $H_y(X)$, die bedingte Information des Senders, berechnen. Dieser Ausdruck $H_y(X)$ heißt auch *Senderäquivokation*, und bedeutet jenen Anteil an der Information des Senders, auf den aus den Reaktionen nicht geschlossen werden kann.

$$Hy(X) = - \sum_j p(y_j) \sum_j p_{yj}(x_i) \, ld \, p_{yj}(x_i)$$

Aus Ableitungen läßt sich weiters folgender Zusammenhang zwischen der Totalinformation und der bedingten Information einer Variablen herstellen:

$$H(X,Y) = H(Y) + H_y(X)$$

Die Totalinformation besteht also aus der Information einer Variablen und der bedingten Information der anderen Variablen. Man kann also sagen, daß die Menge an übertragener Information gleich der Differenz aus Reizinformation und bedingter Reizinformation ist.

Aus der Transinformationsmatrix läßt sich aber, völlig analog zu $H_y(X)$, auch $H_x(Y)$ - die *Empfängeräquivokation* - berechnen. D.i. jene Information, die nicht in den gesendeten Reizen, aber in den Reaktionen vorhanden ist.

$$H_x(Y) = - \sum_i p(x_i) \sum_j p_{xi}(y_j) \operatorname{ld} p_{xi}(y_j)$$

Durch Summierung der Senderinformation und der bedingten Information des Empfängers $H_x(Y)$, erhält man wiederum die Totalinformation:

$$H(X,Y) = H(X) + H_x(Y)$$

Aus dem oben gesagten lassen sich drei verschiedene Arten zur Berechnung der Totalinformation H(X,Y) zweier Variablen ableiten:

a) aus der Transinformationsmatrix
b) aus der Formel $H(X,Y) = H(Y) + H_y(X)$
c) aus der Formel $H(X,Y) = H(X) + H_x(Y)$

Auch die Transinformation läßt sich auf drei verschiedene Arten berechnen:

a) nach der Formel $H(X:Y) = H(X) + H(Y) - H(X,Y)$
b) nach der Formel $H(X:Y) = H(X) - H_y(X)$
c) nach der Formel $H(X:Y) = H(Y) - H_x(Y)$

Aus diesen Formeln läßt sich die bedingte Senderinformation ableiten, die bei vielen Fragestellungen von weit größerer Bedeutung ist als die Ermittlung der Transinformation. Weiters kann man noch zeigen, daß sich die *Totalinformation* zweier Variablen aus den bedingten Informationen und den Transinformationen der Variablen zusammensetzt:

$H(X,Y) = H_y(X) + H_x(Y) + H(X:Y)$

Das heißt, daß sich die Totalinformation aus jener Information zusammensetzt die nur im Sender vorhanden ist, aber nicht im Empfänger, und jener die nur im Empfänger vorhanden ist, aber nicht beim Sender, und der Information, die sowohl beim Sender als auch beim Empfänger vorhanden ist.

Zur Erläuterung der vorangegangenen Kapitel folgen nun einige sog. VENN-Diagramme. Die schraffierten Kreise bezeichnen die Informationsgehalte der Variablen X und Y. Die Überschneidungen der Kreise bezeichnen die Information, die der Variable X und der Variable Y gemeinsam ist.

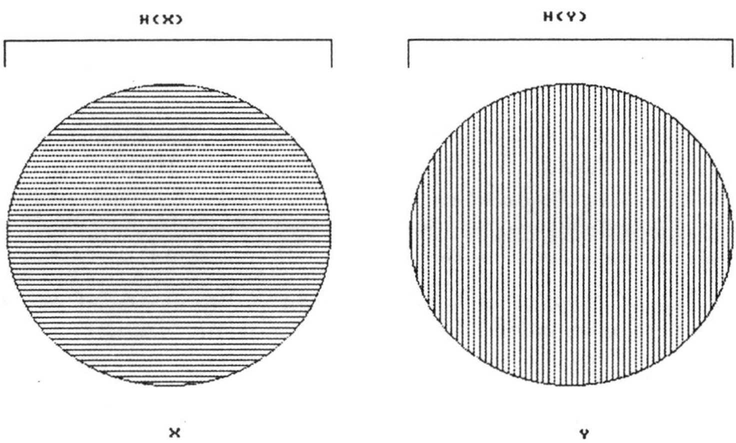

Abb. 78

Dieses Diagramm zeigt die völlige Unabhängigkeit der Variablen X und Y. Da zwischen den beiden Variablen keine Beziehung besteht, ist die Transinformation gleich null. Die Totalinformation entspricht der folgenden Formel:

$H(X,Y) = H(X) + H(Y)$

Das heißt, daß in diesem Fall die Totalinformation gleich der Summe der Einzelinformationsgehalte der Variablen X und Y ist. Es besteht 100% Entropie und somit ist die Redundanz gleich 0.

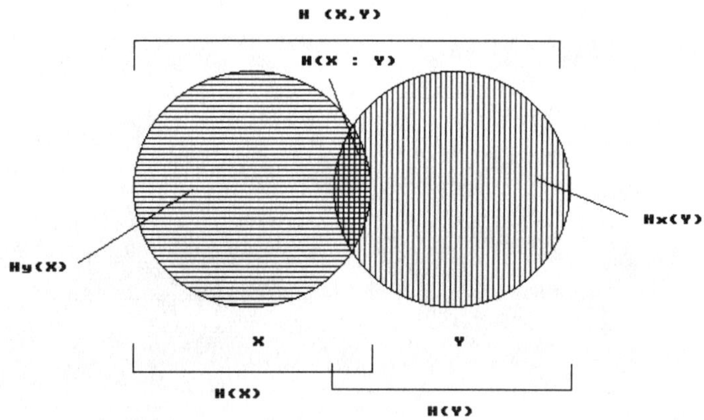

Abb. 79

Bei diesem Diagramm ist ein deutlicher Überschneidungsbereich des Informationsgehaltes der Variablen X und des Informationsgehaltes der Variablen Y vorhanden. Das bedeutet, daß die Variablen X und Y voneinander nicht unabhängig sind, sondern gemeinsame Information besitzen.

Die Transinformation ist hiermit größer 0 und erreicht einen zunehmend größeren Wert mit zunehmendem Überlappungsbereich der Informationsgehalte der Variablen X und Y. Ebenso vergrößert sich die Redundanz mit zunehmendem Überlappungsbereich. $H_x(Y)$ stellt in diesem Diagramm jene Information dar, die im vorausgehenden Element nicht enthalten war, sondern vom zweiten Element, der Variable X, geliefert wird. Die Totalinformation dieses Diagramms läßt sich nach folgender Formel berechnen:

$$H(X,Y) = H_y(X) + H_x(Y) + H(X:Y)$$

Das bedeutet, daß sich die Totalinformation aus der Summe der bedingten Informationsgehalte der Variablen X und der Variablen Y, sowie dem gemeinsamen Informationsgehalt der beiden Variablen, der Transinformation, zusammensetzt.

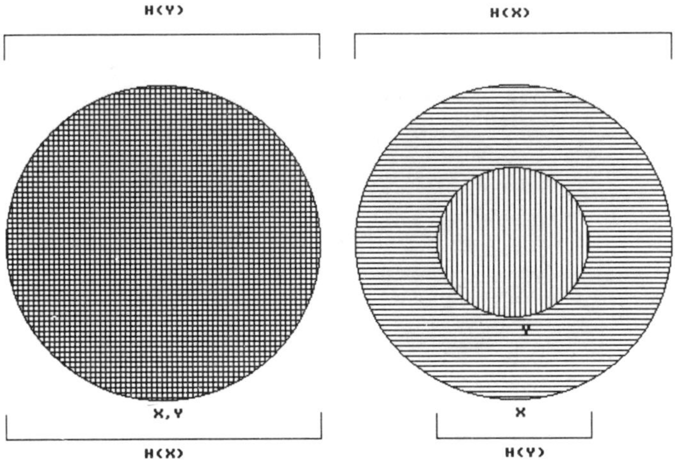

Abb. 80

In diesen Diagrammen besteht völlige Zuordnungsmöglichkeit der Elemente. Ist das erste Element bekannt, so kann das zweite Element mit 100% Genauigkeit vorausgesagt werden.

IV. KANALKAPAZITÄT

In vielen Fällen ist es notwendig zu wissen, wieviel Information in einem Kanal maximal übertragen werden kann. Dieses Wissen ist deshalb von Vorteil, da sich sonst bei einer Untersuchung Fehler einschleichen könnten, die ausschließlich auf die Überlastung des Informationskanals zurückzuführen sind. Die Kanalkapazität repräsentiert die obere Grenze der Informationsübertragung eines Informationskanals in bit pro Zeiteinheit. Tritt im Informationskanal keine Störung auf, so ist die gesendete Information gleich der empfangenen Information. Befindet sich im Bereich des Informationskanals jedoch eine Störung, so verringert sich der Anteil der empfangenen Information in Bezug auf den Anteil der gesendeten Information.

Man kann also sagen, daß die Transinformation gleich der gesendeten Information minus der Senderäquivokation ist:

$$H(X{:}Y) = H(X) - H_y(X)$$

Die Kanalkapazität K wird folgendermaßen definiert:

$$K(X:Y) = \frac{\text{Max } [H(X) - H_y(X)]}{t}$$

Wenn keine Störung im Kanal vorhanden ist, so ergibt sich für $H_y(X)$ der Wert 0.

V. ANALYSE UND INFORMATIONSGEHALT VON SEQUENZEN

Informationsmaße können auch dort angewandt werden, wo man den Grad der Strukturiertheit von Sequenzen berechnen will. Wenn man den Fall von zwei Sendervariablen betrachtet, kann man das Ausmaß an Information, das in einer Sequenz dieser beiden Variablen vorhanden ist, berechnen. Dazu muß ermittelt werden, wieviel Ordnung innerhalb dieser Variablenfolge vorhanden ist. Eine Folge dieser Art könnte zum Beispiel folgendermaßen aussehen: AABBAABBBBAABABBABBA...

Wenn man zunächst Paare dieser Sequenz analysiert, betrachtet man in diesem Paar das erste und das zweite Glied. So erhält man zwei Variablen X und Y. Variable X bezieht sich auf das erste Glied jedes Paares und Variable Y auf das zweite Glied jedes Paares. Untersucht man alle Paare der Folge, wird jeweils das zweite Glied des vorangegangenen Paares zum ersten Glied des nachfolgenden. Danach werden alle Paare, sogenannte Dyaden, in einer absoluten Häufigkeitsmatrix eingetragen.

		Y		
		A	B	
X	A	n_1	n_2	n_1+n_2
	B	n_3	n_4	n_3+n_4
		n_1+n_3	n_2+n_4	N

Diese Matrix zeigt, daß zum Beispiel die Dyade AA n_1 mal vorgekommen ist. Aus dieser Häufigkeitsmatrix wird eine Matrix mit relativen Häufigkeiten berechnet. Diese erhält man durch Division der Werte innerhalb der Matrix durch die Anzahl aller Dyaden N.

		Y		
		A	B	
X	A	p_{11}	p_{12}	$p(x_1)$
	B	p_{21}	p_{22}	$p(x_2)$
		$p(y_1)$	$p(y_2)$	1

Die Randwahrscheinlichkeiten erhält man durch Addition der Spalten - beziehungsweise der Zeilenwerte der Matrix. Die Totalinformation der Folge erhält man in bit durch folgende Formel:

$$H(X,Y) = \sum_{i'j}^{n,m} p_{(xi,yj)} \, ld \, \frac{1}{p(x_i,y_j)}$$

Diese Größe nennt man auch *Dyadenentropie* (Dyadeninformation). Wenn A und B voneinander unabhängig wären, so wäre die Totalinformation von H(X) und H(Y) gleich 2 bit. Besteht jedoch eine Differenz zwischen maximaler Totalinformation $H_{max}(X,Y)$ und tatsächlich gemessener Totalinformation, so bedeutet das, daß die beiden Variablen nicht unabhängig voneinander sind. Dies läßt sich durch die Transinformation H(X:Y) ausdrücken:

$$H(X:Y) = H_{max}(X,Y) - H(X,Y)$$

Jetzt kann auch leicht der bedingte Informationsgehalt $H_x(Y)$ berechnet werden, der bei der sequentiellen Analyse auch *Dyadenkontextentropie* (Kontextinformation) genannt wird. Dieser gibt den mittleren Betrag an Information eines Elementes bei bekanntem Nachbarelement an:

$$H_x(Y) = H(X,Y) - H(X)$$

Der bedingte Informationsgehalt des zweiten Paargliedes gibt an, wieviel Information das zweite Paarglied zusätzlich zum ersten Paarglied liefert. Sind die beiden Variablen voneinander unabhängig, so liefern beide je ein bit.

Rechenbeispiele:

Berechnung der Redundanz einer Folge

Elemententropie

Gegeben ist eine Folge:

A B C D C B D A C D B C D A C D B A C

Um die Entropie und die Redundanz dieser Folge zu berechnen, muß man zuerst die absoluten und anschließend die relativen Häufigkeiten der Elemente berechnen. Die relativen Häufigkeiten erhält man dadurch, daß die absoluten Häufigkeiten durch die Anzahl aller in der Folge aufscheinenden Elemente dividiert werden.

Absolute Häufigkeiten:

A = 4
B = 4
C = 6
D = 5

Relative Häufigkeiten:

$p_1 = 0{,}21$
$p_2 = 0{,}21$
$p_3 = 0{,}32$
$p_4 = 0{,}26$

Die Elemententropie läßt sich durch folgende Formel berechnen:

$$H = \Sigma -p \text{ ld } p$$

$$H = 2\,0{,}4728 + 0{,}5260 + 0{,}5053 = 1{,}9769$$

Die Maximalinformation ergibt sich aus dem Logarithmus Dualis aller möglichen Alternativen :

$H_{max} = \text{ld } 4 = 2$
Relative Entropie = $H / H_{max} = 0{,}9885 = 99\%$
Relative Redundanz = $1 - H / H_{max} = 0{,}0115 = 1\%$

Dyadenentropie

Um die Dyadenentropie zu berechnen, müssen zuerst alle überlappenden Zweiergruppen aufgelistet werden. Die ersten Dyaden im vorliegenden Beispiel sind also: AB, BC, CD, DC... Das Verfahren zur Berechnung der Redundanz entspricht der Ermittlung der Elemententropie.

	A	B	C	D
A	0	1	3	0
B	1	0	2	1
C	0	1	0	4
D	2	2	1	0

	A	B	C	D
A	0,00	0,06	0,17	0,00
B	0,06	0,00	0,11	0,06
C	0,00	0,06	0,00	0,22
D	0,11	0,11	0,06	0,00

H = 5 0,2435 + 3 0,3503 + 0,4346 + 0,4806 = 3,1836
H_{max} = ld 16 = 4
Relative Entropie = H / H_{max} = 0,7959 = 80%
Relative Redundanz = 1 - H / H_{max} = 0,2041 = 20%
Dyadenkontextentropie = Dyadenentropie - Elemententropie =
3,1836 - 1,9769 = 1,2067

Klammerweite 1

Unter Klammerweite 1 versteht man Elementpaare, die unter Auslassung des gemeinsamen Nachbars gewonnen wurden. Man beginnt beim ersten Element einer Folge, überspringt das nächste Element und nimmt das dritte Element als zweites Glied des Paares. In unserer Folge sind die ersten Elementpaare: AC, BD, CC, DB...

	A	B	C	D
A	0	0	1	2
B	1	0	1	2
C	1	2	1	1
D	1	1	3	0

	A	B	C	D
A	0,00	0,00	0,06	0,12
B	0,06	0,00	0,06	0,12
C	0,06	0,12	0,06	0,06
D	0,06	0,06	0,18	0,00

H(1) = 8 0,2435 + 3 0,3671 + 0,4453 = 3,4946
H_{max} = ld 16 = 4
Relative Entropie = H(1) / H_{max} = 0,8737 = 87%

Relative Redundanz = 1 - H(1) / H_{max} = 0,1264 = 13%

Klammerweite 2

Mit Klammerweite 2 verhält es sich genauso wie mit Klammerweite 1, nur, daß nicht ein Element übersprungen wird, sondern zwei. Die ersten Elementpaare lauten folgendermaßen: AD, BC, CB, DD...

	A	B	C	D
A	0	2	0	1
B	1	0	2	0
C	2	1	2	0
D	0	0	1	4

	A	B	C	D
A	0,00	0,13	0,00	0,06
B	0,06	0,00	0,13	0,00
C	0,13	0,06	0,13	0,00
D	0,00	0,00	0,06	0,25

H(2) = 4 0,2435 + 4 0,3826 + 0,5 = 3,0044
Relative Entropie = H / H_{max} = 0,7511 = 75%
Relative Redundanz = 1 - H / H_{max} = 0,2489 = 25%

Berechnung der Transinformation

Die Transinformation wird nach folgender Formel berechnet :

T(X,Y) = H(X) + H(Y) - H(X,Y)

Einer Versuchsperson wurden die Reize A,B,C,D in zufälliger Reihenfolge präsentiert. Die Aufgabe der Versuchsperson bestand darin, auf die dargebotenen Reize mit bestimmten Reaktionen zu reagieren:

Reiz	gewünschte Reaktion
A	1
B	2
C	3
D	4

Im folgenden ist die Reiz-Reaktionsliste der Versuchsperson aufgelistet:

B-1 B-2 A-1 C-3 D-4 B-2 A-1 A-3 C-4 B-1 C-3 A-2 C-2 A-1 C-4
B-2 D-4 A-1 B-2 C-3 D-4 B-3 A-2 D-4 C-3

Um die Berechnung durchführen zu können, muß eine Matrix der absoluten und relativen Häufigkeiten erstellt werden:

	A	B	C	D
A	4	2	1	0
B	2	4	1	0
C	0	1	4	2
D	0	0	0	4

	A	B	C	D	
A	0.16	0.08	0.04	0.00	p(A) = 0.28
B	0.08	0.16	0.04	0.00	p(B) = 0.28
C	0.00	0.04	0.16	0.08	p(C) = 0.28
D	0.00	0.00	0.00	0.16	p(D) = 0.16
	0.24	0.28	0.24	0.24	
	p(1)	p(2)	p(3)	p(4)	

	1	2	3	4	
A	0,4230	0,2915	0,1858	0,0000	0,5142
B	0,2915	0,4230	0,1858	0,0000	0.5142
C	0,0000	0,1858	0,4230	0,2915	0,5142
D	0,0000	0,0000	0,0000	0,4230	0,4230
	0,4941	0,5142	0,4941	0,4941	

H(X) = 3 0,5142 + 0,4230 = 1,9656
H(Y) = 0,5142 + 3 0,4941 = 1,9965
H(X,Y) = 4 0,4233 + 3 0,2915 + 3 0,1858 = 3,1239
T(X,Y) = H(X) + H(Y) - H(X,Y) = 0,8382

VI. STICHPROBENFEHLER

Bis jetzt wurden zur Schätzung der Wahrscheinlichkeiten der Variablenklassen die relativen Häufigkeiten verwendet. Damit wurden aber auch die Informationsmaße mit einem Fehler behaftet, der vor allem bei kleinen Stichproben nicht unerheblich sein kann. Also dann, wenn die Anzahl der Beobachtungen sehr gering ist. MILLER & MADOW (1954) zeigten, daß der berechnete Informationsgehalt den wahren Informationsgehalt unterschätzt. Sie entwickelten folgende Formel zur Korrektur des berechneten Informationsmaßes:

$$H(X)_{wahr} = H(X)_{gesch.} + \frac{k - 1}{1,3863\ n} \text{ bit}$$

In dieser Formel steht k für die Klassen der Variablen. Die Korrektur des geschätzten Informationsmaßes liefert aber nur dann genaue Ergebnisse, wenn die Anzahl der Beobachtungen in Bezug auf k-1 groß ist. Eine weitere Korrekturformel von MILLER (1955) bezieht sich auf die Transinformation zweier Variablen X und Y:

$$H(X:Y)_{gesch.} - H(X:Y) = \frac{(k_x-1)\ (k_y-1)}{1{,}3863\ n}\ \text{bit}$$

Auch bei dieser Formel ist eine entsprechend große Stichprobe in Bezug auf das Produkt $(k_x\text{-}1)(k_y\text{-}1)$ notwendig. Außerdem dürfen in der Transinformationsmatrix nur wenige Zellen mit 0 besetzt sein.

Bisher sind nur selten Korrekturen der Informationsmaße bei psychologischen Untersuchungen vorgenommen worden. Jedoch können sich auf diese Art und Weise lästige Schätzfehler in eine Untersuchung einschleichen. Diese können sich u.a. bei der Schätzung der Kanalkapazität negativ auswirken.

VII. BEISPIELE FÜR ANWENDUNGEN DER INFORMATIONSTHEORIE

1. Gestaltwahrnehmung

In der Wahrnehmungspsychologie gibt es zwei verschiedene Grundauffassungen, nämlich den Nativismus und den Empirismus. Die Nativisten stehen auf dem Standpunkt, daß bestimmte Reizkonstellationen aufgrund angeborener Mechanismen einheitlich erfaßt werden. Der Empirismus dagegen ist der Auffassung, daß gewisse Reizkonstellationen auf Grund von bisherigen Erfahrungen als zusammengehörig erfaßt werden. Einige Reizkombinationen, wie gerade Linien, rechter Winkel, Kreis, Quadrat usw., sind von der Wahrnehmung besonders bevorzugt.

Die Informationstheorie ist zwar nicht in der Lage den Streit der beiden Auffassungen zu klären, kann aber in der empirischen Forschung beider Richtungen verwendet werden. Im speziellen kann die Informationstheorie zur Prüfung der Thesen der Gestalttheorie verwendet werden. Mit Hilfe der Informationstheorie kann man zum Beispiel überprüfen, ob sich die Strukturen von sogenannten "guten" und "schlechten" Gestalten" informationstheoretisch unterscheiden.

HOCHBERG & MCALISTER (1953) sowie ATTNEAVE (1954) untersuchten, wie sich Reizkombinationen auf ihre informationale Struktur auswirken. Sie gingen dabei der Frage nach, welche informationalen Merkmale "gute" und "schlechte" Gestalten unterscheiden. HOCHBERG & MCALISTER verwendeten jedoch nicht die mathematische Informationsanalyse, sondern ermittelten die ihrer Meinung nach wahrnehmungsmäßig relevanten Merkmale der einzelnen Figuren, und zählten sie zusammen. Als relevante Merkmale bestimmten sie Linienabschnitte, Winkel, Wiederholungen und ähnliches.

Die Hypothese von HOCHBERG & MCALISTER war folgende: Umso weniger Information für die Bestimmung einer Reizkombination im Vergleich zu anderen alternativen Reizkonfigurationen notwendig ist, umso größer ist die Wahrscheinlichkeit, daß die Figur als solche erkannt wird. Diese Hypothese erklärten sie mittels zweier sich kreuzender und durchschneidender Rechtecke. "Normalerweise" erkennt man in dieser Grafik zwei sich überschneidende Rechtecke. Dabei lassen sich zwei mal vier Linienabschnitte bestimmen. Es ist aber auch möglich, in dieser Grafik fünf nicht rechteckige Vierecke zu sehen. Diese, nicht den Gestaltgesetzen entsprechende Sichtweise, würde aber einen wesentlich größeren Informationsgehalt der Figur voraussetzen.

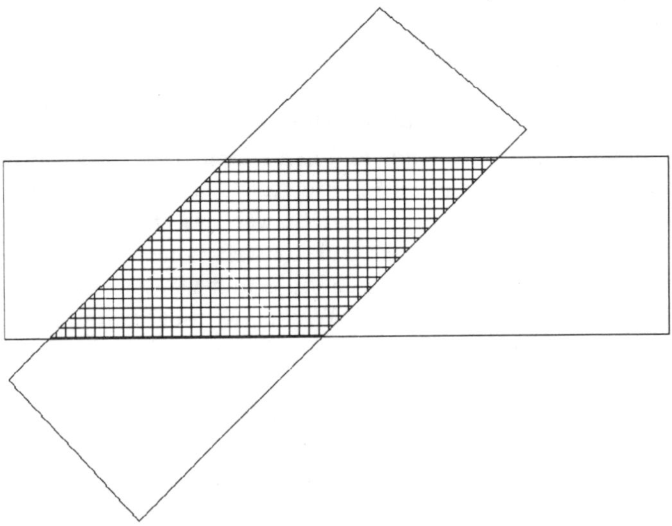

Abb. 81

So würde man zum Beispiel allein 16 verschiedene Linienabschnitte bestimmen können. Bei dieser Vorgangsweise der beiden Forscher entsteht das Problem, daß das Kriterium, was ein informationstheoretisch relevantes Merkmal einer Reizkombination ist, zwar intuitiv plausibel, aber eben nur subjektiv gewählt ist. Es kann durchaus sein, daß die von HOCHBERG & MCALISTER gewählten Merkmale, nicht ausschließlich das Erkennen einer bestimmten Figur determinieren.

Später verfolgte ATTNEAVE (1953) den Gedanken, daß sich "gute" Gestalten von "schlechten" Gestalten dadurch unterscheiden, daß sie weniger Information enthalten. Das bedeutet, daß solche Gestalten mehr Redundanz beinhalten und somit einen höheren Grad an Organisation aufweisen. 1956 verwendete ATTNEAVE (ATTNEAVE & ARNOULT 1956, ATTNEAVE, 1957) als erster physische Variablen zur Beschreibung zweidimensionaler Formen, und setzte sie in Beziehung zur Komplexitätsbeurteilung. Er entwickelte 72 Figuren und variierte sie systematisch in Rasterfeinheit, Eckigkeit, Symmetrie, Anzahl der Wendepunkte, Dispersion versus Kompaktheit und Winkelvariabilität. In einem Versuch mit 168 Versuchspersonen mußten diese auf einer 7-stufigen Skala die vorgegebenen Figuren beurteilen. Die Skala, auf welcher der Wert 1 eine extrem einfache und der Wert 7 eine extrem komplexe Figur bezeichnete, wurde den Versuchspersonen nicht weiter erklärt. Die Studie ergab, daß die Schätzungen der Komplexität am höchsten mit der Variable "Anzahl der Wendepunkte" korrelierten. Die Korrelation zwischen der, von den Versuchspersonen beurteilten, Komplexität der Figuren und dem Logarithmus der Anzahl der Wendepunkte betrug $r = 0,93$. Die anderen Variablen korrelierten nur gering oder überhaupt nicht mit dem von den Versuchspersonen angegebenen Komplexitätswert.

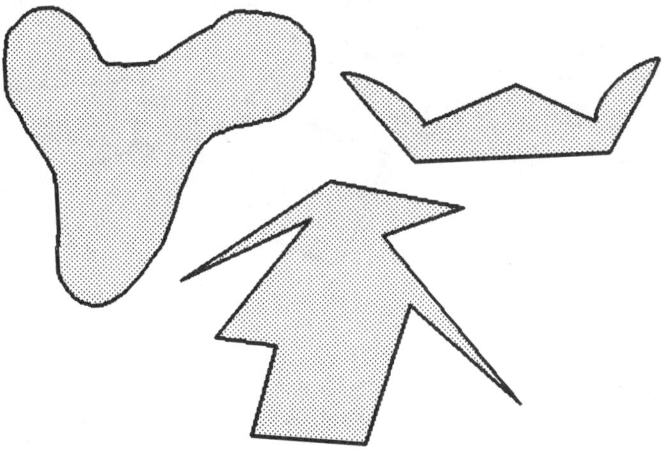

Abb. 82

Ein Problem bei der Anwendung der Informationstheorie auf die Wahrnehmung ergibt sich daraus, daß die Voraussage einer Figur nicht nur von der Kombination der Reize und ihrer Organisation abhängt, sondern auch vom Vorwissen über ähnliche Reize, das jeder einzelne Betrachter aus seiner persönlichen Lebenserfahrung einbringt.

2. Gestaltdiskrimination

Die Diskrimination von Gestalten ist von der Gestaltwahrnehmung, die im vorangegangenen Kapitel besprochen wurde, differenziert zu betrachten. Gestalten müssen nicht aufgrund ihrer inneren Struktur beschrieben werden, sondern es geht darum, einzelne Figuren voneinander zu unterscheiden. Auf Grund der Informationstheorie erscheint es plausibel, daß die Unterscheidung zwischen zwei Figuren umso eher richtig ist, je mehr Unterschiede zwischen den Figuren bestehen. Weiters kann man sagen, daß die Diskrimination umso schneller erfolgt, je einfacher die beiden Figuren sind. Diese Aussagen wurden in Untersuchungen von DEESE (1956) bestätigt. Bei diesen Experimenten verwendete er die im folgenden abgebildeten Figuren. In den Untersuchungen wurden den Versuchspersonen eine komplexe Figur vorgelegt, die sie anschließend unter fünf ähnlichen Figuren herauszufinden hatten.

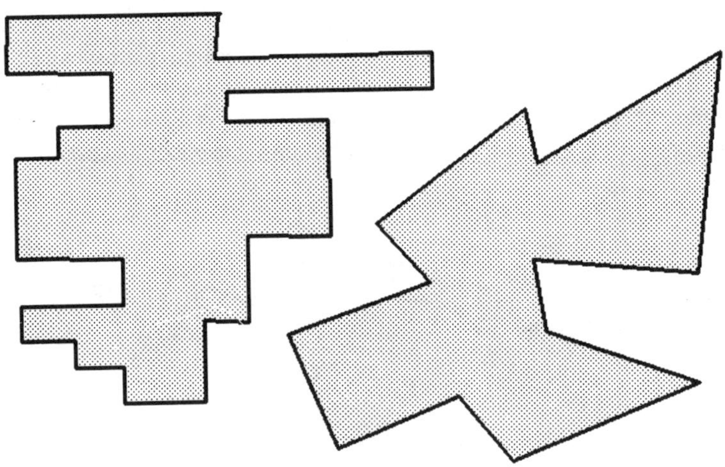

Abb. 83

Durch seine Interpretation der Ergebnisse dieses Experiments machte GARNER (1962) auf sich aufmerksam. ATTNEAVE berechnete nämlich die relative Redundanz der Menge der Merkmale einer Figur, und stand somit im Gegensatz zu GARNER, der die Redundanz der Figuren einer Menge betrachtete. Hatten die Versuchspersonen im Experiment unter fünf Figuren die richtige herauszusuchen, so war die tatsächliche Unbestimmtheit H = ld 5. Jedoch wäre die maximale Unbestimmtheit bei unregelmäßigen, komplexen Figuren sehr viel höher als bei einfachen Figuren, da sie aus mehr Komponenten bestehen, aus denen wiederum mehr Figuren erzeugt werden könnten, als aus einfachen Figuren. Damit wäre die relative Redundanz einer Menge komplexer Gestalten wesentlich größer, als eine gleich große Menge einfacher Gestalten. Diese Differenz in der Verwendung des Redundanzbegriffes, kann am besten durch das Versuchsmaterial von FITTS et al. (1956) verdeutlicht werden.

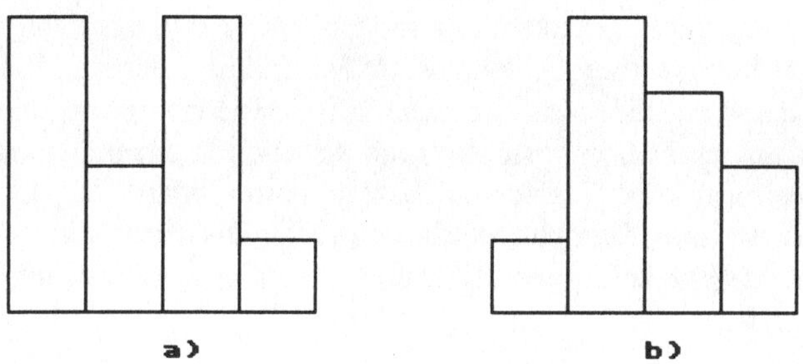

Abb. 84

Bei den gewählten Beispielen, handelt es sich um jeweils vier Säulen, die nach verschiedenen Gesichtspunkten erstellt wurden und in der Höhe zwischen ein und vier Einheiten variieren. Das Konstruktionsprinzip der Figuren aus a) lautet, daß alle Variationen aller Säulenhöhen möglich sind (gleich hohe Säulen sind erlaubt). Das Konstruktionsprinzip der Figuren aus b) schließt diese Möglichkeit aus, da die Vorschrift lautet, daß alle Säulen verschieden hoch sein müssen. Die durchschnittliche Information einer Figur aus a) beträgt ld (4^4) = 8 bit, die einer Figur aus b) nur ld (4!) = 4,58 bit. Nach FITTS et al. beinhalten die Figuren aus a) keine Redundanz, die Figuren aus b) jedoch eine Redundanz von 0,43, da die Reize der Figuren aus b) nicht völlig frei variierbar sind. Hat zum Beispiel die erste Säule, wie in der Abbildung 84, die Höhe eins, so ergibt sich für die folgende Säule, daß sie nur mehr drei verschiedene Höhen annehmen kann. Dies verringert für die dritte Säule die Variationsmöglichkeit auf zwei Höhen, wodurch die vierte und

letzte Säule völlig determiniert ist. Anders ausgedrückt ergibt sich für die erste Säule eine Unbestimmtheit H(1) = ld 4 = 2,
für die zweite Säule H(2) = ld 3 = 1,58,
für die dritte Säule H(3) = ld 2 = 1 und
für die vierte Säule H(4) = 0.

3. Informationstheorie und Reaktionszeit

HICK (1950) erörterte als erster die Möglichkeit, die Beziehung zwischen der Reaktionszeit und der Anzahl der Auswahlmöglichkeiten, mit Hilfe der Informationstheorie zu erforschen. In sogenannten Wahlreaktionsversuchen antworten Versuchspersonen auf bestimmte Reize mit bestimmten Reaktionen. Gemessen wird aber nicht die Korrektheit der Reaktion auf einen Reiz, sondern die Geschwindigkeit der Reaktion. Die Abhängigkeit der Reaktionszeit von der Anzahl der möglichen Reaktionen, wurde bereits von MERKEL (1885) erforscht. BLANK (1934) konnte zeigen, daß dies ein annähernd logarithmischer Zusammenhang ist. Man nahm an, daß sich die Reaktionszeit aus mehreren verschiedenen Anteilen zusammensetzt. Als bedeutendste Anteile der Wahlreaktionszeit nahm man die Unterscheidungszeit, das ist jene Zeitspanne, die man zur Diskrimination der Reize benötigt, und die Wahlzeit, jener Zeitraum, den man zur Auswahl einer Reaktion benötigt, an.

In einem Experiment konnte HICK (1952) zeigen, daß die Reaktionszeit eine lineare Funktion der Unbestimmtheit der Reize ist. CROSSMAN (1953) bestätigte die Ergebnisse aus den Untersuchungen von HYMAN (1953), daß sich bei unterschiedlichen Wahrscheinlichkeiten der Reize, die Reaktionszeit verringert. HYMAN (1953) versuchte, die mittlere Reaktionszeit auf einzelne Reizklassen zu berechnen, was zu Problemen in Bezug auf die Informationshypothese führte. Dabei zeigten sich bei extrem seltenen oder extrem häufigen Reizen deutliche Abweichungen von der Linearität. Die Reaktionszeit bei diesen Reizen war deutlich verringert. HYMAN & UMILTA (1969) fanden in einem weiteren Experiment heraus, daß die Reaktionszeiten bei Wiederholungen verkürzt waren. Ein Ergebnis dieses Experimentes war auch, daß ein Zusammenhang zwischen der Reaktionszeit und der Unbestimmtheit der Reize besteht.

Die Analyse von Wahlreaktionszeiten durch die Informationstheorie hat eine große Anzahl von Forschern zu Arbeiten in dieser Richtung inspiriert. Leider sind aber die bisherigen Forschungsergebnisse noch zu unzureichend, um alle Teilaspekte der Wahlreaktionszeit entschlüsseln zu können.

4. Differentialpsychologie und Informationstheorie

Mithilfe der Informationstheorie ist es möglich, individuelle Unterschiede im Reaktionsverhalten von Versuchspersonen zu beschreiben. Eine Untersuchung zu diesem Thema wurde unter anderem von MITTENECKER (1958) durchgeführt. In dieser Untersuchung wurden die Versuchspersonen aufgefordert, eine Reihe von Zielpunkten in möglichst zufälliger Reihenfolge mit einem Stab zu berühren.

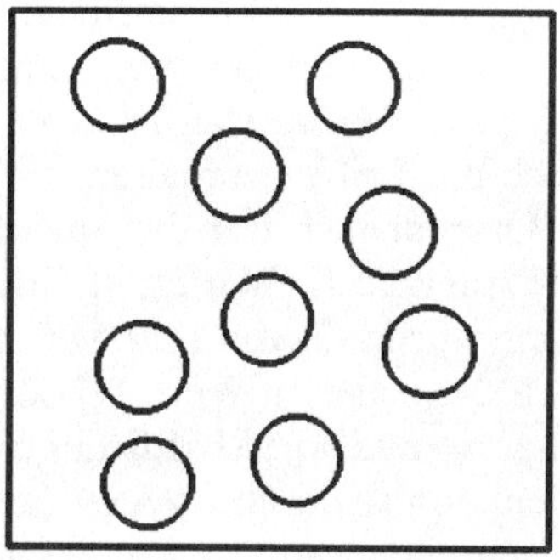

Abb. 85

Ein Versuch dauerte etwa drei Minuten. Der Versuchsleiter notierte 180 Berührungen, wobei die Versuchsperson die Aufzeichnungen des Versuchsleiters nicht sehen konnte. Um den Grad der Ordnung dieser Reihenfolge zu berechnen, wurde die Redundanz erster Ordnung und die Redundanz zweiter Ordnung ermittelt. Dabei zeigte sich, daß bei der Redundanz erster Ordnung kein Unterschied zwischen Gesunden, Neurotikern, Schizophrenen (MITTENECKER, 1958 und 1960) und Epileptikern (REMSCHMIDT, 1968) besteht. Unterschiede zeigten sich aber in der Redundanz zweiter Ordnung. Allerdings erreichten durchwegs alle Gruppen einen Wert über null. Das bedeutet, daß keine Gruppe in der Lage war, eine ungeordnete Folge herzustellen. Am höchsten war die Redundanz zweiter Ordnung bei Schizophrenen. Niedriger, aber noch immer hoch, war sie bei stationären Neurotikern und Depressiven. Bei Hirnverletzten und Epileptikern war die Redundanz zweiter Ordnung gegenüber gesunden Versuchspersonen nur leicht erhöht.

Die Ergebnisse zeigen, daß eine allgemein falsche Vorstellung über eine zufällige Folge besteht. Das läßt sich daraus schließen, daß keine der Versuchsgruppen, auch nicht die der Gesunden, in der Lage war, eine solche herzustellen.

SPIELTHEORIE

A EINLEITUNG

Ein "Spiel" mit Wettkampfcharakter kann als vereinfachtes und formalisiertes Modell einer Konfliktsituation - einer Situation mit widerstreitenden Interessen - beschrieben werden. Mithilfe der Spieltheorie, einer mathematischen Theorie, soll eine Beschreibung und Analyse der jeweiligen Konfliktsituation ermöglicht werden, mit dem Ziel, bestmögliche Vorgehensweisen der Gegenspieler herauszuarbeiten. So gesehen steht im Mittelpunkt der Spieltheorie nicht der deskriptive Aspekt (tatsächliches Spielverhalten), sondern der normative (wie sich der Spieler verhalten soll, um ein bestmöglichstes Resultat zu erzielen). Ursprünglich war die Spieltheorie als Instrument zur Lösung ökonomischer Probleme (haben meist Konfliktsituationscharakter) gedacht. In diesem Sinne wurde sie von John von NEUMANN in dem von ihm und Oscar MORGENSTERN verfaßten Werk "Theory of Games and Economic Behaviour" ("Spieltheorie und wirtschaftliches Verhalten") als mathematische Theorie geschaffen. John von NEUMANN (gest. 1957), ein ungarischer Mathematiker und Lehrender am "Institute for Advanced Study" in Princeton (USA) gilt daher als Begründer der Spieltheorie.

Da Konfliktsituationen nicht nur in der Ökonomie zu finden sind, blieb die Anwendung nicht auf den ökonomischen Bereich beschränkt, sondern weitete sich auf Gebiete wie Politologie, Soziologie, Psychologie und Kriegsführung aus.

Bevor wir in medias res gehen, soll der folgende Abschnitt die Erläuterung spieltheoretischer Grundbegriffe zum Inhalt haben.

B GRUNDBEGRIFFE

Einzelspieler: Die Summe aller Einzelpersonen, die dieselben Interessen verfolgen, ergeben einen Einzelspieler.
Zug: Dieser Begriff umschreibt die Auswahl einer möglichen Spielvariante.
Persönlicher Zug: Die Auswahl erfolgt bewußt vom Spieler.
Zufälliger Zug: Die Auswahl wird vom Zufall abhängig gemacht (z.B. Würfeln, Münzwerfen).
Taktik: Die Taktik ist für das einzelne Spiel so lange entscheidend, bis einer der Spieler eine - das Gesamtspiel umfassende - Strategie anwendet.
Beispiele für Taktiken: Pokergesicht, Bluffen;
Strategie: Vollständiger Verhaltensplan für jeden möglichen Fall
Reine Strategie: Nur eine Strategie kommt zur Anwendung.

Optimale Strategie: Der jeweilige Spieler kann bei Anwendung der optimalen Strategie bei mehrfacher Spielwiederholung sicher gehen, den maximal (minimal) möglichen mittleren Gewinn (Verlust) zu erzielen.
Gemischte Strategie: Sie setzt sich aus einer Kombination reiner Strategien zusammen, wobei die reinen Strategien mit einer bestimmten Häufigkeit und nach dem Zufallsprinzip gespielt werden.
Nützliche Strategien: Diejenigen Strategien, die in der optimal gemischten Strategie enthalten sind.
Überflüssige Strategien: Solche, die entweder mehrmals auftreten, bzw. offensichtlich ungünstig sind. Sie können und sollen auch ausgeschieden werden, da die 2 mal 2 (2x2) und 2 mal m (2xm) Spiele am leichtesten zu lösen sind (2x2: Beide Spieler haben zwei Strategien; 2xm: Einer hat zwei, der andere Spieler hat m-Strategien).

B

A	b_1	b_2	b_3	b_4
a_1	1	2	4	3
a_2	0	2	3	2
a_3	1	2	4	3
a_4	4	3	1	0

Strategie a3 und a2 können ausgeschieden werden, da a3 bereits wiederholt auftritt und a2 im Vergleich zu a1 offensichtlich ungünstig ist und daher überflüssig wird. Die Matrix ist aus der Sicht von A zu lesen.

Abb. 86

Dominierende Strategie: Eine Strategie A dominiert die Strategie B, wenn sie (A) - unabhängig von der Strategie des Gegenspielers - zu einem besseren Resultat wie die Strategie B führt. Dominierte Strategien sind folglich nicht anzuwenden.
Endliches Spiel: Jeder Spieler verfügt nur über eine endliche Anzahl von Strategien. Jedes endliche Spiel hat wenigstens ein Lösung. D.h. es gibt wenigstens ein Paar optimaler Strategien für die Einzelspieler. Das Resultat der Lösung entspricht dem Wert des Spiels.
Anmerkung: In diesem Kapitel interessieren uns nur die endlichen Spiele.
Infinites Spiel: Die Strategienanzahl ist nicht endlich.

Nullsummenspiel: Pro Spieldurchgang ist der Gewinn des einen Spielers gleich dem Verlust des anderen, wodurch die Interessen der Gegenspieler sich antagonistisch zueinander verhalten.
Matrixspiele: Antagonistische Spiele mit endlich vielen Strategien; solche Spiele lassen sich mithilfe einer sog. Auszahlungsmatrix (oder Pay-off-Matrix) beschreiben, wobei die Schnittfelder dieser Matrix den Gewinn/Verlust des einen und damit gleichzeitig den Verlust/Gewinn des anderen Spielers angeben.
Nullerweiterung: Ein allgemeines n-Personenspiel kann um eine Person zu einem (n+1) - Personen-Nullsummenspiel erweitert werden.

Einteilung der Spiele nach der Anzahl der Einzelspieler:
- Einpersonenspiele (Spiele gegen die "Natur")
- Zweipersonenspiele
- n-Personenspiele

Einteilung der Zweipersonenspiele:
- Nullsummenspiel mit perfekter Information
- Allgemeine Nullsummenspiele
- Nichtnullsummenspiele

Anmerkung: Im Folgenden werden nur die Zweipersonenspiele näher erläutert, da sie die best-erforschten sind.

C DAS ENDLICHE ZWEIPERSONENNULLSUMMENSPIEL MIT PERFEKTER INFORMATION

Eine perfekte Information beider Spieler ist dann gegeben, wenn es keine gleichzeitigen Züge gibt, und alle erfolgten Züge beiden Spielern bekannt sind.
Beispiel: Schach, Dame, Mühle;

Solche Spiele sind strikt determiniert. D.h., daß es eine beste Strategie für einen der beiden Spieler gibt, bei deren Anwendung ihm ein Sieg bzw. Unentschieden gewiß ist - unabhängig von den Aktionen des Gegenspielers. Wenn dem so ist, drängt sich die Frage auf, welche Strategie denn bei Schach z.B. zum sicheren Gewinn führt. Diese Gewinnstrategie existiert zwar im Prinzip, aber nicht tatsächlich, da die Anzahl der möglichen Strategien selbst für einen Computer zu hoch ist.

D DAS ENDLICHE, ALLGEMEINE ZWEIPERSONEN-NULLSUMMENSPIEL

I. AUSZAHLUNGSMATRIX MIT SATTELPUNKT

Den Sattelpunkt bildet jenes Element der Matrix, welches zugleich größtes Zeilenminimum und kleinstes Spaltenmaximum ist.

Beispiel:

B

		b_1	b_2	b_3	b_4	β
	a_1	5	6	10	3	3
A	a_2	8	4	-5	-2	-5
	a_3	8	6	5	4	4
	a_4	-10	0	6	0	-10
	α	8	6	10	4	

Abb. 87

β...... Zeilenminima (4: größtes Zeilenminimum)
α...... Spaltenmaxima (4: kleinstes Spaltenmaximum)

4 bildet den Sattelpunkt der Matrix und somit den Wert des Spiels. Das optimale Strategienpaar ist a_3 für A und b_4 für B; zusammen bilden sie die Lösung des Spiels.

Die Matrix ist aus der Sicht des Spielers A zu lesen. Ein positiver Wert bedeutet Gewinn für A (Verlust für B), ein negativer Wert Verlust für A (Gewinn für B).

Die logische Konsequenz für beide Spieler besteht im Spielen einer reinen Strategie. Das Strategienpaar entspricht den optimalen Strategien, d.h. beide Kontrahenten können sichergehen, daß ein einseitiges Abweichen von der jeweiligen Strategie keinen zusätzlichen Gewinn einbringen kann. Im günstigsten Fall bleibt der Gewinn (Verlust) unverändert, ansonsten wird der Gewinn verringert bzw. der Verlust erhöht. Derjenige Spieler, der von der reinen Strategie nicht abweicht, wird unabhängig von den Aktionen des Gegenspielers zumindest diesen Wert erzielen. Der Sattelpunkt macht zugleich den Wert des Spiels aus. Das bedeutet, daß bei Anwendung der reinen Strategien dieser Wert (Gewinn/Verlust) sicher erreicht wird.

II. AUSZAHLUNGSMATRIX OHNE SATTELPUNKT

Bei einer Auszahlungsmatrix ohne Sattelpunkt muß von den reinen Strategien zu den gemischten übergegangen werden, um so den Wert des Spiels im Durchschnitt zu erreichen.

Beispiel:

		B		
		I	II	III
A	I	2	0	4
	II	4	6	-3

Abb. 88

Lösung: Der Wert des Spiels beträgt 2 und wird im Durchschnitt erreicht, wenn der Spieler A mit einer Wahrscheinlichkeit (p) von 0,7 die Strategie 1 und mit einem p von 0,3 die Strategie 2 verfolgt - unabhängig von den Aktionen von B.
Anmerkung: Die Erarbeitung der Lösung erfolgt in Kürze.

III. MINIMAX-THEOREM

Es lautet: Jedes endliche Zweipersonen-Nullsummenspiel hat einen Wert v.

Dieser Wert v wird im Falle einer reinen Strategie (und bei vorhandenem Sattelpunkt) mit Sicherheit, bei gemischten Strategien im Durchschnitt von einem Spieler gegenüber dem anderen, unabhängig von den Aktionen des Gegenspielers erreicht. Die zur Anwendung kommenden Strategien tragen auch die Bezeichnung "Minimax-Strategien"; Sie haben defensiven Charakter, da deren Verwendung zwar eine Unterschreitung des Wertes ausschließt, aber ebenso eine potentielle Überschreitung. Dies läßt sich mit der - der gesamten Spieltheorie zugrundeliegenden - Annahme, der Gegenspieler agiere fehlerlos, erklären. Infolge dieser Annahme erweist sich jeder risikofreudige Versuch, von den optimalen Strategien abzuweichen, um eine potentielle Schwächung des Gegners zum eigenen Vorteil auszunützen, um nicht das Optimum, sondern das Maximum zu erreichen, als sinnlos. Ist v ungleich 0, ist das Spiel unfair zugunsten eines Spielers.

IV. BERECHNUNG DER LÖSUNG UND DES WERTES BEI GEMISCHTEN STRATEGIEN FÜR 2 X 2 SPIELE

Anmerkung: Jede folgende Matrix ist aus der Sicht des Spielers A zu interpretieren.

		B 1	B 2
A	1	a_{11}	a_{12}
	2	a_{21}	a_{22}

Abb. 89

1. Variante

a) Lösung

Da sich einer der Spieler (A) dem Wert des Spiels unabhängig von den Aktionen des Gegenspielers (B) sichern kann, wenn er von den optimalen Strategien nicht abweicht, ergeben sich zwei Gleichungen:

$$a_{11}p_1 + a_{21}p_2 = v$$
$$a_{12}p_1 + a_{22}p_2 = v$$

Da $p_1 + p_2 = 1$, folgt

$$p_1 = \frac{a_{22} - a_{21}}{a_{11} + a_{22} - a_{12} - a_{21}}$$

Da alle a_{ij} bekannt sind, kann p_1 und darüber hinaus p_2 ($p_2 = 1-p_1$) problemlos berechnet werden. Damit wurde errechnet, mit welchen Wahrscheinlichkeiten Strategie 1 und 2 gespielt werden müssen, um den Wert v dem Spieler A sicherzustellen.

b) Wert

In eine der oben angeführten Gleichungen sind die errechneten Wahrscheinlichkeiten p_1 und p_2 einzusetzen.

c) Lösung für den Gegenspieler

$$a_{11}q_1 + a_{12}q_2 = v$$
$$a_{21}q_1 + a_{22}q_2 = v$$

Da $q_1 + q_2 = 1$ folgt

$$q_1 = \frac{v - a_{12}}{a_{11} - a_{12}}$$

$$q_2 = 1 - q_1$$

q_1 und q_2 sind die Wahrscheinlichkeiten mit denen die beiden Strategien 1 und 2 von Spieler B gespielt werden müssen, um A keinen größeren Gewinn (bzw. kleineren Verlust) zukommen zu lassen.

Rechenbeispiel:

A \ B	I	II
I	2	-2
II	-2	2

Abb. 90

Lösung: Der Wert des Spiels beträgt 0. Optimale Strategien für
A: I mit p = 0,5 II mit p = 0,5
B: I mit p = 0,5 II mit p = 0,5

Berechnung:

Spieler A

$$p_1 = \frac{a_{22} - a_{21}}{a_{11} + a_{22} - a_{12} - a_{21}}$$

$$p_1 = \frac{2 - (-2)}{2 + 2 - (-2) - (-2)} = \frac{4}{8} = 1/2$$

$p_2 = 1 - p_1 = 1/2$

$v = 2\,1/2 + (-2)\,1/2 = 0$

Spieler B:

$$q_1 = \frac{v - a_{12}}{a_{11} - a_{12}}$$

$$q_1 = \frac{0 - (-2)}{2 - (-2)} = \frac{2}{4} = 1/2$$

$q_2 = 1 - q_1 = 1/2$

2. Variante

Rechenbeispiel:

		B: I	B: II
A	I	2	0.8
	II	0.4	1.6

Abb. 91

a) Lösung

Optimale Strategie für A

Erster Schritt: Absolute Differenzenbildung pro Zeile

2 - 0,8 = 1,2 (I)
1,6 - 0,4 = 1,2 (II)

Zweiter Schritt: Vertauschung dieser beiden Zeilenwerte (hier: es ändert sich nichts)

1,2 (I)
1,2 (II)

Dritter Schritt: Summierung dieser beiden Zeilenwerte

1,2 + 1,2 = 2,4

Vierter Schritt: Division der Zeilenwerte durch den Summenwert

$\frac{1,2}{2,4}$ (I) = 1/2

$\frac{1,2}{2,4}$ (II) = 1/2

Die optimale Strategie für A ist eine gemischte: Strategie I und II mit einem p von je 1/2.

Optimale Strategie für B

Erster Schritt: Absolute Differenzenbildung pro Spalte

2 - 0,4 = 1,6 (I)
1,6 - 0,8 = 0,8 (II)

Zweiter Schritt: Vertauschung dieser Spaltenwerte

0,8 (I)
1,6 (II)

Dritter Schritt: Summierung dieser Spaltenwerte

1,6 + 0,8 = 2,4

Vierter Schritt: Division der Spaltenwerte durch den Summenwert

$\frac{0,8}{2,4} = 1/3$ (I)

$\frac{1,6}{2,4} = 2/3$ (II)

Die optimale Strategie für B ist eine gemischte: Strategie I mit einem p von 1/3, und II mit einer p von 2/3.

b) Wert des Spiels

Irgendeine Strategie wird herangezogen und mit der gemischten Strategie des Gegenspielers bewertet.
Zum *Beispiel*:

I von A: $2 \cdot 1/3 + 0,8 \cdot 2/3 = 1,2$
I von B: $2 \cdot 1/2 + 0,4 \cdot 1/2 = 1,2$

V. GRAPHISCHE INTERPRETATION DER LÖSUNG UND DES WERTES

Alle 2xm-Spiele eigenen sich für diese Herangehensweise (2xm: Ein Spieler hat zwei, der andere beliebig viele Strategien).

Beispiel:

		B I	B II	B III
A	I	2	0	4
	II	4	6	-3

Abb. 92

Vorgangsweise

1. Abszisse mit Streckenlänge 1

Abb. 93

Sie steht für die Strategie von A, wobei das linke und das rechte Ende Ausdruck für folgende Spielverhalten sind:

Linkes Ende: A spielt mit einem p von 1 (d.h. immer) Strategie I und damit nie Strategie II.
Rechtes Ende: A spielt mit einem p von 0 (d.h. nie) Strategie I und damit immer Strategie II.

2. Ordinatenlegung an beide Abszissenenden

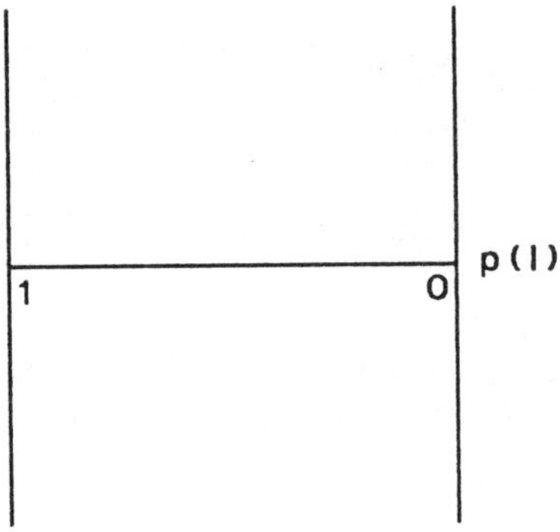

Abb. 94

Die Ordinaten stehen für die Auszahlung an A.

3. Auszahlungsabtragung

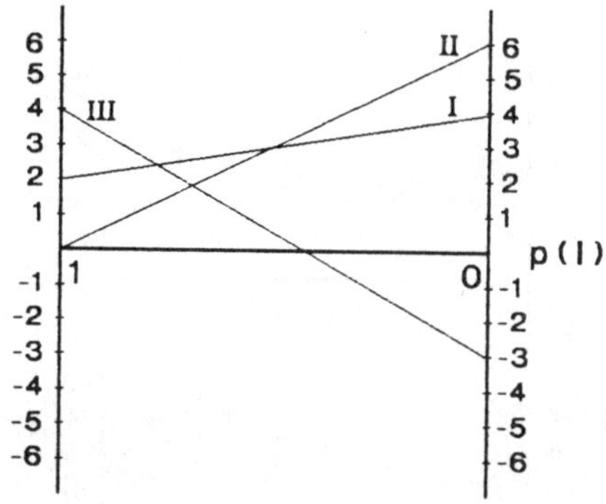

Abb. 95

Man geht nach folgender Überlegung vor:

- B spielt I:

Spielt A immer I erhält A +2 pro Spiel. Auf der linken Ordinate wird +2 abgetragen.

Spielt A nie I (d.h. immer II) erhält A +4 pro Spiel. Auf der rechten Ordinate wird +4 abgetragen.

Diese beiden eingezeichneten Punkte werden durch eine Gerade verbunden.

- B spielt II:

Spielt A immer I erhält A 0 pro Spiel. Auf der linken Ordinate wird 0 markiert.

Spielt a nie I erhält A +6 pro Spiel. Auf der rechten Ordinate wird +6 abgetragen.

Wieder wird eine Gerade durch beide Punkte gelegt.

- B spielt III:

Analog zu I und II.

4. Interpretation

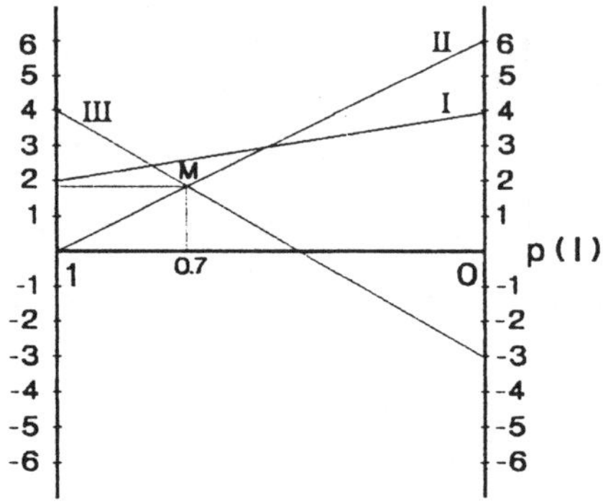

Abb. 96

Der unterste "giebelhafte" Streckenzug bildet die untere Grenze des Gewinns von A. Der Punkt M repräsentiert das Maximum des minimalen Gewinns und zugleich sowohl die Lösung, als auch den Wert des Spiels.

Lösung: Eine durch den Punkt gezogene, zur Abszisse senkrecht stehende Gerade teilt die Abszisse in zwei Teile. Die Strecke vom rechten Ende bis zum Schnittpunkt x spiegelt das Wahrscheinlichkeitsmaß, mit welcher Strategie I gespielt werden soll, wieder; die Strecke "Schnittpunkt x bis zum linken Ende" das p-Ausmaß für die Strategie II.
Hier: I mit p = 0,7, II mit p = 0,3

Wert: Eine durch den Punkt M gezogene, zur Ordinate senkrecht stehende Gerade markiert einen Punkt auf dieser, welcher mit dem Wert des Spiels identisch ist.
Hier: Wert = 2

Graphische Interpretation aus der Sicht des Gegenspielers

Nach erfolgter Umkehrung der Auszahlungsmatrix und der Vorzeichen erfolgt ein zu oben völlig analoger Prozeß.

E DAS ZWEIPERSONEN-NICHTNULLSUMMENSPIEL

Da pro Spieldurchgang der Gewinn des einen nicht mehr gleich dem Verlust des anderen ist, ist es notwendig die Auszahlungen beider Spieler in einer Auszahlungsmatrix anzuführen bzw. zwei getrennte Matrizen anzugeben.

Diese Eigenheit ermöglicht das Auftreten nicht nur kompetetiver, sondern auch kooperativer Elemente im Spiel, da das Bestreben der Spieler nicht unbedingt auf eine "Vernichtung" des Gegenspielers ausgerichtet sein wird, angesichts des Umstandes, daß des einen Verlust nicht gleichzeitig des anderen Gewinn ist.

Die genaue Angabe der Spielregeln wird zu einer notwendigen Bedingung, da es von entscheidender Bedeutung ist, ob z.B.
- die Spieler miteinander kommunizieren dürfen,
- Gewinne geteilt werden dürfen,
- Übereinkünfte verbindlich sind oder
- die Spieler informiert werden z.B. über die Strategien des anderen usw.

Es läßt sich nur unschwer erraten, daß infolge dieser Rahmenbedingungen die Nichtnullsummenspiele einen wesentlich höheren Komplexitätsgrad aufweisen als die Nullsummenspiele. Denn Kommunikationsmöglichkeit bedeutet gleichzeitig auch die Möglichkeit, zu täuschen oder zu drohen; Informationen können sich auch als Fehlinformationen entpuppen. Vertrauen und Vertrauenswürdigkeit werden zu Variablen von großer Wichtigkeit usw. Damit gewinnt das Nichtnullsummenspiel im Unterschied zum Nullsummenspiel nicht nur an Komplexität, sondern gerade deswegen auch an Lebensnähe.

Als weiteres, daraus resultierendes Unterscheidungsmerkmal wäre das überwiegende Fehlen einer eindeutigen Lösung beim Nichtnullsummenspiel zu nennen. Gibt es im Spiel eine kooperative Strategie, wird sie zwar zumeist als die "richtige" wahrgenommen, aber dennoch nicht immer gespielt, denn: die Wahl der kooperativen Strategie bringt für beide Spieler nur dann einen Vorteil, wenn sie von beiden getroffen wird. Handeln beide kooperativ, steigen beide besser aus, als wenn beide nicht kooperativ handeln. Weicht einer davon ab, wirkt sich das nachteilig nur für denjenigen aus, der dem anderen vertraut und sich kooperativ verhalten hat.

Beispiel: Das Gefangenendilemma
Zwei Personen werden von der Polizei verhaftet, da der Verdacht besteht, sie hätten gemeinsam eine kriminelle Handlung gesetzt. Im Gefängnis kommen sie in getrennte Zellen, um jede Kommunikation zu verunmöglichen. Beide stehen vor der Entscheidung, zu gestehen oder zu leugnen, wobei ihnen die Konsequenzen ihrer Entscheidung in Abhängigkeit von der Entscheidung des anderen bekannt sind (Die Werte drücken die Anzahl der abzusitzenden Jahre aus).

		B	
		G	L
A	G	5/5	0/20
	L	20/0	1/1

Abb. 97

G..... Gestehen
L..... Leugnen

Die kooperative Strategie ist das Leugnen. Leugnen beide, werden sie zu einer Gefängnisstrafe von nur einem Jahr verurteilt; gestehen beide, steigt die Strafe um das fünffache an. "Fällt einer der beiden um" und gesteht, geht er zwar frei, aber der andere bekommt das zwanzigfache der Strafe.

Sich für die Alternative "Leugnen" zu entscheiden, setzt Vertrauen voraus, da Kommunikationsmöglichkeiten und darüber hinaus potentielle Übereinkünfte von vornherein ausgeschlossen wurden. Aber selbst wenn Kommunikationsmöglichkeiten bestehen, ist das keine Garantie für eine steigende Kooperationsbereitschaft, wie das experimentell bestätigt werden konnte. Alle Zwei-Personen-Nichtnullsummenspiele betreffend gilt, daß der Variable "Spielerpersönlichkeit" (Vertrauen-Mißtrauen, Ehrgeiz, Konkurrenzlust usw.) enorme Bedeutung zukommt. Sie ist im wesentlichen dafür entscheidend, ob eher ein kooperativer bzw. kompetetiver Stil bevorzugt wird.

Literaturverzeichnis

ANDERSEN, E.B. (1973). Conditional Inference and Models for Measuring. Kopenhagen.

AMES, A. (1951). Visual perception and the rotuting trapezoidal window. Psychological Monographs, 65, (7, Whole, No. 234).

ATTNEAVE, F. (1954). Some informational aspects of visual perception. Psychol. Rev. 61, 183-193.

ATTNEAVE, F. (1957). Physical determinants of the judged complexity of shapes. J. exp. Psychol. 53, 221-227.

ATTNEAVE, F. & ARNOULT, M.D. (1956). The quantitative study of shape and pattern perception. Psychol. Bull. 53, 452-471.

BEKESY, J. von (1949). On the resonance curve and decay period at various points on the cochlear position. Lournal of a Acoustival Society of America.

BEKESY, J. von (1957). The ear. Scientific American, 197(2), 66-78.

BLANK, G. (1934). Brauchbarkeit optischer Reaktionsmessungen. Industr. Psychotechn. 11, 140-150.

BORING, E.G. (1930). A new ambigous figure. American Journal of Psychology 42.

BORING, E.G., LANGFELD, H.S. & WELD, H.P. (1948). Foundations of Psychology. New York: Wiley.

BOUGUER, P. (1760). Traité d'optique sur la gradation de la lumiére. Paris.

COLLATZ, L. & WETTERLING, W. (1966). Optimierungsaufgaben. Berlin: Springer-Verlag.

CROSSMAN, E.R.F.W. (1953). Entropy and choice time: The effect of frequency unbalance on choice-response. Quart. J. exp. Psychol. 5, 41-51.

DAVIS, M.D. (1972). Spieltheorie für Nichtmathematiker. München: R. Oldenbourg Verlag.

DEESE, J. (1956). Complexity of contour in the recognition of visual form. USAF, WADC Tech. Rep. No. 56-60.

DELEZENNE, C.E.J. (1827). Sur les valeurs numériques des notes des la gamma.

EISLER, H. (1962). Emperical tests of a model relating magnitude and category scales. Scand. J. Psychol., 3, 88-96.

EISLER, H. (1963). Magnitude scales, category scales, and Fechnerian integration. Psychol. Rev., 70, 243-253.

EKMAN, G. (1964). A anote on alternative psychophysical laws. Rep. from the Psychol. Labor., the Univ. of Stockholm.

EKMAN, G. (1964). Two methods for the analysis of perceptual dimensionality. Rep. from the Psychol. Labor., the Univ. of Stockholm.

FECHNER, G.T. (1860). Elemente der Psychophysik. Leipzig: Breitkopf & Härtel.

FITTS, P.M., WEINSTEIN, M., RAPPAPORT, M., ANDERSON, N. & LEONARD, J.A. (1956). Stimulus correlates of visual pattern recognition. J. exp. Psychol. 51, 1-11.

GALANTER, E.H. & MESSICK, S.J. (1959). The relation between category and magnitude scales of loudness. ONR Technical report, Univ. of Pennsylvania.

GARNER, W.R. (1962). Uncertainty and structure as psychological concepts. New York: Wiley.

GRANIT, R. (1955). Centrifugal and antidromic effects on ganglion cells or retina. J. Neurophysio. 18, 388.

GREEN, D.M. & SWETS, J.A. (1966). Signal Detection Theory and Psychophysics. New York: Wiley.

GREGORY, R.L. (1972). Auge und Gehirn. Zur Psychophysiologie des Sehens. Frankfurt: Fischer Taschenbuch Verlag.

GUILFORD, J.P. (1932). A generalized psychophysical law. Psychol. Rev., 39, 73-85.

GUTTMANN, G. (1982). Lehrbuch der Neuropsycholgie. Bern: Verlag Hans Huber.

HECKHAUSEN, H. Allgemeine Psychologie in Experimenten. Göttingen. Hogrefe.

HELMHOLTZ, H. (1866). Handbuch der Physiologischen Optik. Hamburg.

HELMHOLTZ, H. (1913). Die Lehre von den Tonempfindungen. Braunschweig: F. Vieweg u. Sohn.

HELSON, H. (1964). Adaptation Level Theory. New York: Harper & Row.

HELSON, H. (1964). The psychology of Gestalt. American Journal of Psychology, 36, 342-370.

HERBART (1824). Psychologie als Wissenschaft, neu begründet auf Erfahrung, Metaphysik und Mathematik.

HERING, E. (1861). Beiträge zur Physiologie. 1. Heft: Zur Lehre vom Ortssinne der Netzhaut. Leipzig.

HERING, E. (1910). Grundzüge der Lehre vom Lichtsinn. In: A. GRÄFE & SÄMISCH: Handbuch der gesamten Augenheilkunde. Leipzig.

HERING, E. (1920). Grundzüge der Lehre vom Lichtsinn (zit. n. A. GELB, Handbuch der Physiologie XII/1, s. 605, 606).

HERING, E. (1929). Lehre von den Gesichtsempfindungen (zit. n. Fr. HILLEBRAND).

HERKNER, W. (1986). Psychologie. Berlin: Springer Verlag.

HERRNSTEIN, R.J. & BORING, E. (1965). A Source Book in the History of Psychology. Cambridge, Massachusetts: Harvard University Press.

HICK, W.E. (1950). Information theory in psychology. Jackson W. (Ed.), Proc. Symp. Inf. Theory, Min. London: Supply.
HICK, W.E. (1952). On the rate of gain of information. Quart. J. exp. Psychol. 4, 11-26.
HOCHBERG, J.E. & Mc ALISTER, E. (1953). A quantitative approach to figural "goodness". J. exp. Psychol. 46, 361-364.
HOFFMANN, H. & LÜPKE, A. von (1975). 0 Dezibel + 0 Dezibel = 3 Dezibel. Einführung in die Grundbegriffe und die quantitative Erfassung des Lärms. Berlin: Erich Schmidt Verlag.
HUBEL, & WIESEL, (1962). Perceptive fields, binocular interaction and functional architecture in the cat's visuel cortex. J. Physiol. 160, 106-154.
HUBER, O. (1988). Das psychologische Experiment: Eine Einführung. Bern: Verlag Hans Huber.
HYMAN, R.(1953). Stimulus information as a determinant of reaction time. J. exp. Psychol. 45, 188-196.
HYMAN, R. & UMILTA, C. (1969). The information hypothesis and non - repetitions. Acta Psychologica 30, 37-53.
ITTLESON, W.H. (1952). The Ames Demonstrations in Perception. Princeton: Oxford University Press.
KANT, I. (1800). Anthropologie in pragmatischer Hinsicht.
KLIX, F. (1976). Information und Verhalten. Bern: Huber.
KRETCH, D., CRUTCHFIELD, R.S., LIVSON, N., WILSON, W.A. & PARDUCCI, A. (1985). Wahrnehmungspsychologie. Weinheim: Beltz Verlag.
KRIES, J. von (1895). ... Zschr. Psychol. 8, 3.
KRIES, J. von (1898). Über die materiellen Grundlagen der Bewußtseinserscheinungen. Freiburg I. Br.
KRISTOF, W. (1969). Untersuchungen zur Theorie psychologischen Messens. Meisenheim: Hain.
LAND, E.H. (1959): Experiment in Colour Vision. Sci. Amer. Bd. 5, 84.
LEWIN, K. (1926). Vorsatz, Wille und Bedürfnis. Berlin.
LEWIN, K. (1927). Gesetz und Experiment in der Psychologie. Berlin.
LINDWORSKY, J. (1931). Experimentelle Methoden. München.
LÜCK, H. (1984). Geschichte der Psychologie: München: Urban & Schwarzenberg.
Mac KAY, D.M. (1961). Interactiv processes in visual perception. In: ROSENBLITH, W.A. (Ed.) Sensory communication. New York. Wiley.
MASHOUR, M.A. (1961). A comparision of the method of ratio estimations and the method of magnitude estimation. Rep. Psychol. Labor., Univ. Stockholm.
MEILI, R. (1968). Lehrbuch der experimentellen Psychologie. Bern: Verlag Hans Huber.

MERKEL, J. (1885). Die zeitlichen Verhältnisse der Willenstätigkeit. Philos. Stud. 2, 73-121.
MICHEL, L. (1964). Allgemeine Grundlagen psychometrischer Tests. In: Handbuch der Psychologie, Band IV. Göttingen.
MITTENECKER, E. (1958). Die Analyse "zufälliger" Reaktionsfolgen. Z. f. exp. angew. Psychol. 5, 45-60.
MITTENECKER, E. (1960). Die informationstheoretische Auswertung des Zeigeversuchs bei Psychotikern und Neurotikern. Z. exp. ang. Psychol. 7, 392-400.
MUELLER, C.G. & RUDOLPH, M. (1969). Licht und Sehen. Reinbek: Rowohlt Taschenbuch Verlag.
MÜLLER-LYER, F. (1889). Optische Urteilstäuschungen. Archiv für Anatomie und Physiologie/Physiologische Atheilung. Suppl. Band, p. 263-270, Tafel IX.
NECKER, L.A. (1832). Observations on some remarkable phenomena seen in Switzerland. The London and Edinburgh Philosophical Magazine and Journal of Science (Third series), 1, 329-377.
NECKER, L.A. (1833). Über einige merkwürdige optische Phänomene. Annalen der Physik und Chemie, 27, 497-504.
NEUMANN, J. von & MORGENSTERN, O. (1961). Spieltheorie und wirtschaftliches Verhalten. Würzburg.
OPPEL, J.J. (1854). Über geometrisch-optische Täuschungen. Jahresbericht des physikalischen Vereins zu Frankfurt am Main, 37-47.
OPPEL, J.J. (1856). Nachlese zu den "geometrisch-optischen Täuschungen". Jahresbericht des physikalischen Vereins zu Frankfurt am Main, 47-55.
OPPEL, J.J. (1859). Über geometrisch-optische Täuschungen (Zweite Nachlese). Jahresbericht des physikalischen Vereins zu Frankfurt am Main, 26-37.
PENROSE, L.S. & PENROSE, R. (1958). Impossible objects: a special type of visual illusion. British Journal of Psychology, 49, p. 31-33.
PLATEAU, J.A.F. (1872). Sur la mesure des sensations physiques, et sur la loi qui lie l'intensité des ces sensations á l'intensité de la causa excitante. Bul. Acad. roy. Belg., 33, (Ser. 2), 376-388.
PONZO, O. (1912). Rapports de contraste angulaire et l'appreciation de grandeur des astres a l'horizon. Archives Italiennes de Biologie, 58, 327-329.
PONZO, M. (1928). Urteilstäuschungen über Mengen. Archiv für die Gesamte Psychologie, 65, 129-162.
PULFRICH, C. (1922). Der Pulfrich-Effekt. Naturwissenschaften, Bd. 10, 569.
REMSCHMIDT, H. (1968). Das Anpassungsverhalten der Epileptiker. Phil. Diss., Tübingen.

ROHRACHER, H. (1953). Die Arbeitsweise des Gehirns und die psychischen Vorgänge. München.
ROHRACHER, H. (1988). Einführung in die Psychologie. München. Psychologie Verlags Union.
ROSENTHAL, R. (1964). The Effect of Experimenter on the results of psychological research. In: MAHER, B.A.: Progress in Experimental Personality Research. New York.
ROSENTHAL, R. (1966). Experimenter Effects in Behavioral Research.
RUBIN, E. (1921). Visuell wahrgenommene Figuren. Kopenhagen: Glydendalske.
SADER, M. (1966). Lautheit und Lärm. Göttingen: Hogrefe.
SANDER, F. (1928). Experimentelle Ergebnisse der Gestaltpsychologie. Bonn.
SARRIS, V. (1971). Wahrnehmung und Urteil. Göttingen: Hogrefe.
SARRIS, V. (1985). Experimentalpsychologisches Praktikum. Band I: Grundversuche: Wahrnehmungs- und kognitionspsychologische Experimente. Weinheim: Beltz.
SCHICK, A. (1981). Akustik zwischen Physik und Psychologie. Stuttgart: Klett Cotta.
SCHNEIDER, B. & LANE, H. (1963). Ratio scales, category scales and variability in the production of loudness and softness. J. acoust. soc. Amer., 35, 153-161.
SCHÖNPFLUG, W. & SCHÖNPFLUG, U. (1983). Psychologie. München: Urban & Schwarzenberg.
SCHRÖDER, G. Technische Optik. Würzburg: Vogel.
SCHULER, H (1980). Ethische Probleme psychologischer Forschung. Göttingen: Hogrefe.
SELG, H. & BAUER, W. (1971). Forschungsmethoden der Psychologie. Stuttgart: W. Kohlhammer.
SELG, H. (1966). Einführung in die experimentelle Psychologie. Stuttgart: W. Kohlhammer.
SIXTL, F. (1982). Meßmethoden der Psychologie. Weinheim: Beltz Verlag.
STEVENS, S.S. & GALANTER, E.H. (1957). Ratio scales and category scales for a dozen perceptual continua, J. exp. Psychol., 54, 377-411.
STEVENS, S.S. & WARSHOFSKY, F. (1970). Schall und Gehör. Reinbek: Rowohlt Taschenbuch Verlag.
STEVENS, S.S. (1957). On the psychophysical law. Psychol. Rev., 64, 153-181.
STEVENS, S.S. (1959). Measurement, Psychophysics an utility. In CHURCHMAN, C. W., RATOOSH, P.: Measurement: Definitions an theories. New York: Wiley & Sons.
STEVENS, S.S. (1959). Problems and methods of psychophysics. Psych. Bull., 55, 179-190.

THURSTONE, L.L. (1927). A law of comparative judgement. Psycholog. Rev. 34, 273-286.

THURSTONE, L.L. (1927). Psychophysical analysis. Amerik. J. Psychology 38, 368-389.

THURSTONE, L.L. (1927). The method of paired comparisons for social values. J. Abnorm. Soc. Psychol. 21, 384-400.

THURSTONE, L.L. (1959). The Measurement of Values. Chicago: University of Chicago Press.

TORGERSON, W.R. (1961). Distances and ratios in psychophysical scaling. Acta Psychol., 19, 201-205.

VAJDA, S. (1973). Einführung in die Linearplanung und die Theorie der Spiele. München: R. Oldenbourg Verlag.

VELDEN, M. (1982). Die Signalentdeckungstheorie in der Psychologie. Stuttgart. W. Kohlhammer.

WEBER, E.H. (1834). De pulsu, resorptione, auditu et tactu: Annotationes anatomicae et physiologicae. Leipzig: Köhler.

WEBER, E.H. (1846). Der Tastsinn und das Gemeingefühl. In: WAGNER, R. (Hrsg.): Handwörterbuch der Physiologie. Leipzig.

WENTZEL, J.S. (1974). Elemente der Spieltheorie. Zürich: Verlag Harri Deutsch.

WERTHEIMER, M. (1971). Kurze Geschichte der Psychologie. München: Piper.

WEWETZER, K.H. (1981). Experiment-Test-Befragung. Darmstadt: Wissenschaftliche Buchgesellschaft.

WOITSCHACH, M. (1968). Strategie des Spiels. Stuttgart: Deutsche Verlags-Anstalt.

WOROBJOW, N.N. (1975). Entwickung der Spieltheorie. Berlin: VEB Deutscher Verlag der Wissenschaften.

WUNDT, W. (1898). Die geometrisch-optischen Täuschungen. Abhandlungen der mathematisch-physischen Classe der Königlich Sächsischen Gesellschaft der Wissenschaften, 24, 53-178.

WUNDT, W. (1913). Grundriß der Psychologie. Leipzig.

ZIMBARDIO, P.G. (1978). Lehrbuch der Psychologie. Berlin: Springer-Verlag.

ZÖLLNER, F. (1860). Über eine neue Art von Pseudoskopie und ihre Beziehungen zu den von Plateau und Oppel beschriebenen Bewegungsphänomenen. Annalen der Physik und Chemie, 110, 500-525.

ZUSNE, L. (1984). Biographical Dictionary of Psychology. Westport, Conneticut: Greenwood Press.

Abbildungsnachweis

Abb. 28: GREGORY, R.L. (1972). Auge und Gehirn. Zur Psychophysiologie des Sehens. Frankfurt: Fischer Taschenbuch Verlag. Seite 34.

Abb. 29: GUTTMANN, G. (1982). Lehrbuch der Neuropsycholgie. Bern: Verlag Hans Huber. Seite 221.

Abb. 32: MUELLER, C.G. & RUDOLPH, M. (1969). Licht und Sehen. Reinbek: Rowohlt Taschenbuch Verlag. Seite 60.

Abb. 36: HERKNER, W. (1986). Psychologie. Berlin: Springer Verlag. Seite 39.

Abb. 40: GREGORY, R.L. (1972). Auge und Gehirn. Zur Psychophysiologie des Sehens. Frankfurt: Fischer Taschenbuch Verlag. Seite 124.

Abb. 43: KRETCH, D., CRUTCHFIELD, R.S., LIVSON, N., WILSON, W.A. & PARDUCCI, A. (1985). Wahrnehmungspsychologie. Weinheim: Beltz Verlag. Seite 21.

Abb. 68: ZIMBARDIO, P.G. (1978). Lehrbuch der Psychologie. Berlin: Springer-Verlag. Seite 59.

Abb. 69: GUTTMANN, G. (1982). Lehrbuch der Neuropsycholgie. Bern: Verlag Hans Huber. Seite 212.

Abb. 71: ROHRACHER, H. (1988). Einführung in die Psychologie. München. Psychologie Verlags Union. Seite 222.

Abb. 73: ROHRACHER, H. (1988). Einführung in die Psychologie. München. Psychologie Verlags Union. Seite 224.

Abb. 75: HOFFMANN, H. & LÜPKE, A. von (1975). 0 Dezibel + 0 Dezibel = 3 Dezibel. Einführung in die Grundbegriffe und die quantitative Erfassung des Lärms. Berlin: Erich Schmidt Verlag. Seite 53.

Tabellen

Tabelle 1: p-, z- und y-Werte der Standardnormalverteilung (signal detection theory)

p	z	y	p
0.001	3.090	0.003	0.999
0.002	2.878	0.006	0.998
0.003	2.748	0.009	0.997
0.004	2.652	0.012	0.996
0.005	2.576	0.015	0.995
0.010	2.326	0.027	0.990
0.020	2.054	0.049	0.980
0.030	1.881	0.068	0.970
0.040	1.751	0.086	0.960
0.050	1.645	0.103	0.950
0.060	1.555	0.119	0.940
0.070	1.476	0.134	0.930
0.080	1.405	0.149	0.920
0.090	1.341	0.162	0.910
0.100	1.282	0.176	0.900
0.110	1.227	0.188	0.980
0.120	1.175	0.200	0.880
0.130	1.126	0.212	0.870
0.140	1.080	0.223	0.860
0.150	1.037	0.233	0.850
0.160	0.995	0.243	0.840
0.170	0.954	0.253	0.830
0.180	0.915	0.262	0.820
0.190	0.878	0.271	0.810
0.200	0.842	0.280	0.800
0.210	0.807	0.288	0.790
0.220	0.772	0.296	0.780
0.230	0.739	0.304	0.770
0.240	0.706	0.311	0.760
0.250	0.675	0.318	0.750
0.260	0.643	0.324	0.740
0.270	0.613	0.331	0.730
0.280	0.583	0.337	0.720
0.290	0.553	0.342	0.710
0.300	0.525	0.348	0.700
0.310	0.496	0.353	0.690
0.320	0.468	0.358	0.680
0.330	0.440	0.362	0.670
0.340	0.413	0.367	0.660
0.350	0.385	0.370	0.650
0.360	0.359	0.374	0.640
0.370	0.332	0.378	0.630
0.380	0.306	0.381	0.620
0.390	0.279	0.384	0.610
0.400	0.253	0.386	0.600
0.410	0.228	0.389	0.590
0.420	0.202	0.391	0.580
0.430	0.176	0.393	0.570
0.440	0.151	0.395	0.560
0.450	0.126	0.396	0.550
0.460	0.101	0.397	0.540
0.470	0.075	0.398	0.530
0.480	0.050	0.399	0.520
0.490	0.025	0.399	0.510
0.500	0.000	0.399	0.500

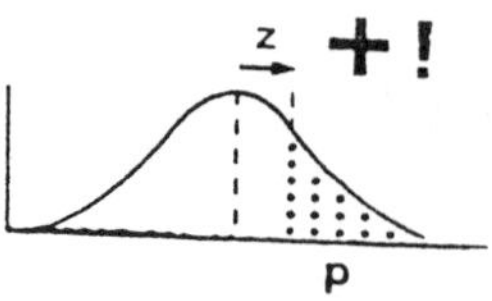

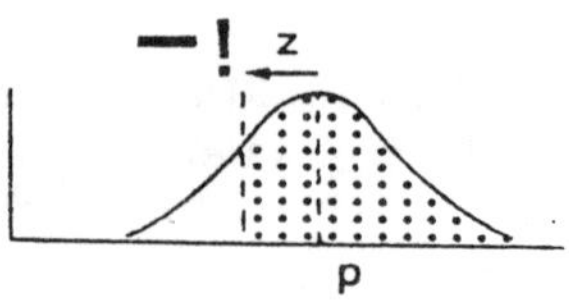

Tabelle 2: dB-Tabelle mit g-Wert

Dezibel	G	Grenzen	Dezibel	G	Grenzen
0	1.0				
		1.12			112
1	1.3		21	130	
		1.41			141
2	1.6		22	160	
		1.78			178
3	2.0		23	200	
		2.24			224
4	2.5		24	250	
		2.82			282
5	3.2		25	320	
		3.55			355
6	4.0		26	400	
		4.47			447
7	5.0		27	500	
		5.62			562
8	6.3		28	630	
		7.08			708
9	7.9		29	790	
		8.91			891
10	10.0		30	1000	
		11.2			1120
11	13		31	1300	
		14.1			1410
12	16		32	1600	
		17.8			1780
13	20		33	2000	
		22.4			2240
14	25		34	2500	
		28.2			2820
15	32		35	3200	
		35.5			3550
16	40		36	4000	
		44.7			4470
17	50		37	5000	
		56.2			5620
18	63		38	6300	
		70.8			7080
19	79		39	7900	
		89.1			8910
20	100		40	10000	
		112			11200

Tabelle 3: Informationstheorie - Entropiefunktion

p	-p ld p	p	-p ld p
.00	.0000	.50	.5000
.01	.0664	.51	.4954
.02	.1129	.52	.4906
.03	.1518	.53	.4854
.04	.1858	.54	.4800
.05	.2161	.55	.4744
.06	.2435	.56	.4684
.07	.2686	.57	.4623
.08	.2915	.58	.4558
09	.3127	.59	.4491
.10	.3322	.60	.4422
.11	.3503	.61	.4350
.12	.3671	.62	.4276
.13	.3826	.63	.4199
.14	.3971	.64	.4121
.15	.4105	.65	.4040
.16	.4230	.66	.3976
.17	.4346	.67	.3871
.18	.4453	.68	.3783
.19	.4552	.69	.3694
.20	.4644	.70	.3602
.21	.4728	.71	.3508
.22	.4806	.72	.3412
.23	.4877	.73	.3314
.24	.4941	.74	.3215
.25	.5000	.75	.3113
.26	.5053	.76	.3009
.27	.5100	.77	.2903
.28	.5142	.78	.2796
.29	.5179	.79	.2687
.30	.5211	.80	.2575
.31	.5238	.81	.2462
.32	.5260	.82	.2348
.33	.5278	.83	.2231
.34	.5292	.84	.2113
.35	.5301	.85	.1993
.36	.5306	.86	.1871
.37	.5307	.87	.1748
.38	.5303	.88	.1623
.39	.5298	.89	.1496
.40	.5288	.90	.1368
.41	.5274	.91	.1238
.42	.5257	.92	.1107
.43	.5236	.93	.0974
.44	.5212	.94	.0839
.45	.5184	.95	.0703
.46	.5153	.96	.0565
.47	.5120	.97	.0426
.48	.5083	.98	.0286
.49	.5043	.99	.0144

Umwandlungsfaktor: $\log_2 a = \log_{10} a$ 3.3219